EL

PODER

DEL

OTRO

Dr. Henry Cloud

Vida®

La misión de Editorial Vida es ser la compañía líder en satisfacer las necesidades de las personas con recursos cuyo contenido glorifique al Señor Jesucristo y promueva principios bíblicos.

EL PODER DEL OTRO
Edición en español publicada por
Editorial Vida – 2017
Nashville, Tennesse

© 2017 Editorial Vida
Este título también está disponible en formato electrónico.

Originally published in the U.S.A. under the title:
  Power of the Other
  Copyright © 2016 por Dr. Henry Cloud
Published by permission of HarperCollins Publishers, New York, NY 10007
All rights reserved.
Further reproduction or distribution is prohibited.

Editora en Jefe: *Graciela Lelli*
Traducción: *Eugenio Orellana*
Edición: *Omayra Ortiz*
Adaptación del diseño al español: *Mauricio Diaz*

ISBN: 978-0-8297-6751-3

CATEGORÍA: Negocios y Economía/ General

IMPRESO EN ESTADOS UNIDOS DE AMÉRICA
PRINTED IN THE UNITED STATES OF AMERICA

HB 12.12.2023

Este libro está dedicado a todos los «otros»
cuyo poder ha protegido y enriquecido mi vida.
Estaré para siempre agradecido.

9 cosas que todo líder debe hacer

9 Cosas que los graduados deben saber para triunfar en la vida

Límites

Límites cara a cara

Límites para líderes

Límites en el noviazgo

Límites en el matrimonio

Límites para nuestros hijos

Cambios que sanan

¿Cómo crecemos?

No es mi culpa

El factor mamá

Qué hacer cuando no sabes qué hacer

Dios lo hará

Personas seguras

El poder transformador de los grupos pequeños

21 Días para lograr un matrimonio estupendo

Integridad

CONTENIDO

CAPÍTULO 1

UNA VERDAD DESCUIDADA

El rendimiento humano, *su* rendimiento, tiene sus límites. ¿No cree?

En buena medida, esa pregunta es el enfoque central de este libro; no es tanto *si hay* límites, sino que esta es una cuestión casi desconocida. Después de todo, ¿quién conoce los verdaderos límites humanos? Cada vez que pensamos en alguien que los alcanzó, otro los superó. Lo que creemos que es el límite máximo siempre está siendo redefinido, incluso por nosotros mismos.

Nuestro enfoque aquí será en cómo y por qué algunas personas son capaces de superar sus propios límites. En mi trabajo con ejecutivos y organizaciones de alto rendimiento, este es un tema que abordamos en una de dos formas.

La primera implica cierto límite *conocido* que mis clientes están experimentando: un patrón, un obstáculo, un dilema de liderazgo o un desafío, un conflicto con una persona, una debilidad o un problema, algo que ellos saben que les ha salido al camino, bloqueando su futuro deseado, su negocio, o incluso amenazando sus vidas. *Algo* los está limitando… aun cuando no saben exactamente qué es.

La segunda forma no supone un problema o un asunto conocido. Es solo el deseo de mejorar, de ir más allá del nivel actual, de tener o hacer *más*. Más potencial, más ganancias, más fuerza de empuje, más diversión, más sentido, más amor… más alegría. Estos clientes saben que hay más dentro de ellos mismos, de sus negocios o de sus vidas. Y lo quieren.

Es posible que usted ya haya identificado el problema que le impide alcanzar el siguiente nivel de rendimiento, o simplemente quiere asegurarse de que puede llegar hasta donde quiere. En cualquier caso, quizás quiera superar su actual límite, su realidad presente. Cómo lograrlo es el tema de este libro: cómo llegar a ser *mejor*, cómo llegar a *más*.

Y aquí está la buena noticia: esto no es un misterio. Sabemos cómo ocurre. Mejor aún, usted puede aprender a hacerlo.

MÁS CUANDO NO HAY MÁS

Cuando un miembro de la Marina de los EE. UU. llega a ser un SEAL* no es porque se haya ganado la lotería. El candidato se

---

* SEAL es una fuerza especial de la Marina estadounidense entrenada para servir en tareas extremas tanto en el mar (Sea) como en el aire (Air) y tierra (Land).

gana el derecho luego de pasar por uno de los procesos de selección basado en rendimiento más exigentes de todo el mundo. Seleccionados entre los mejores, de los mejores, los candidatos tienen que demostrar su más alto rendimiento en cada etapa del proceso. No hay favoritismo. Los SEAL trabajan en una verdadera meritocracia.

En el camino que el candidato debe recorrer hasta llegar a la fase final del proceso de selección hay muchos pasos que dar, muchas calificaciones que alcanzar y muchas puertas que deberá franquear. Hacia el final del programa de entrenamiento, conocido con la sigla BUDS*, el aspirante debe pasar la prueba de todas las pruebas, la «Hell Week» («Semana Infernal»).

La Semana Infernal comprende una serie de ejercicios que demandan del candidato a SEAL toda su resistencia física y mental y que lo llevan a los límites extremos más absolutos: permanecer dentro del agua fría hasta casi el grado de hipotermia, nadar largas distancias sin haber podido dormir y soportar un esfuerzo físico extremo, algo que más de dos terceras partes de los candidatos no logran aprobar.

Y recuerde, todos ellos son lo mejor de lo mejor. Al final, la mayoría termina «sonando la campana», que es la señal de que se han dado por vencidos. Pero en la realidad, pocos son los que se rinden, pues *quieren* desesperadamente ser vencedores. Se trata más de que sus cuerpos y sus mentes han llegado al límite de sus capacidades. Ya no tienen nada más que dar; no hay forma de hacerlo mejor. Ya se trate de dolor físico, de agotamiento mental

---

* BUDS: Basic Underwater Demolition SEAL (Demolición Subacuática Básica SEAL).

o de ambas cosas, la mayoría de los candidatos carecen de los recursos que les permitan superar sus propios límites y alcanzar la siguiente etapa, la más dura para terminar convirtiéndose en un SEAL. Todo el proceso de selección está configurado para saber exactamente dónde están esos límites y quién los puede superar. Aquellos que superan el proceso de desafiar los límites son enviados a las operaciones que requieren que los seres humanos se desempeñen más allá de los límites normales y que lo hagan regularmente. La vida o la muerte, la victoria o la derrota dependen justamente de esa capacidad.

Mi cuñado Mark fue un SEAL. Pasó con éxito la prueba de BUDS. Mark fue el hermano que nunca tuve (tuve dos hermanas). Era el tipo de hermano que todos quisieran tener. Me gustaba escuchar sus historias (aquellas que me podía contar sin tener que matarme) sobre las hazañas extraordinarias que él y sus compañeros SEAL llevaban a cabo como cosa rutinaria: saltar de un avión desde alturas increíbles, caer de golpe sobre la superficie de un océano frío en alguna tierra lejana, cambiar el engranaje para entrar en batalla, tomar una siesta corta en el suelo marino, luego abordar un barco enemigo en la oscuridad, hundirlo y después de todo eso, preguntar: «¿Qué vamos a almorzar hoy?», como si no fuera más que otro día de trabajo. Rutinas que ninguno de nosotros podría siquiera imaginar ni mucho menos que podríamos tener éxito llevándolas a cabo. Increíble.

Perdimos a Mark en la guerra de Irak. Murió como un héroe, haciendo exactamente lo que le gustaba: usando sus habilidades, con su equipo de compañeros, peleando por nuestro país y liberando a quienes habían caído en manos de los terroristas. Fue un golpe devastador para todos los que lo amábamos, admirábamos y sentíamos un profundo aprecio por la persona sacrificada que era. Dejó atrás a su esposa y a su pequeña hija, una numerosa familia extendida y muchos amigos cuyas vidas él había influenciado.

A raíz de su muerte, conocí a varios de los miembros de su equipo SEAL. Colegas y compañeros que habían luchado codo a codo con él en Afganistán e Irak. Nos contaron historias increíbles sobre el valor de Mark, sus habilidades, su personalidad, su espíritu y su amor por la vida. Había dejado una huella en muchos de ellos. Nosotros éramos parte de una gran comunidad que se había beneficiado con su amistad y juntos lloramos, recordamos y compartimos recuerdos e historias.

La experiencia que se relaciona con nuestro tema es uno de los más claros ejemplos que conozco de cómo los límites humanos, cuando se enfrentan, son superados. La contó uno de los miembros del equipo SEAL de Mark unos días después de su muerte.

Uno de sus compañeros, al que llamaré Bryce, estaba en el océano durante la Semana Infernal. Nadaba el último tramo que lo llevaría a la meta. Mark ya la había alcanzado; había aprobado la prueba final y sabía que se convertiría en un SEAL. Para él, ya todo había pasado. Se encontraba de pie sobre unas rocas, observando con ansiedad a sus compañeros que nadaban hacia la meta.

Fue entonces cuando vio que uno de ellos se quedaba atrás.

Como lo describió el propio Bryce, había llegado a un punto en su resistencia que el cuerpo ya no le respondía. Había dado todo lo que podía dar. No le quedaban fuerzas. Y aunque trató de darse ánimo para seguir, su cuerpo le decía que no.

Si alguna vez usted ha estado en una situación parecida podrá verse reflejado en la historia de Bryce; si, por ejemplo, alguna vez ha estado en el gimnasio tratando de alzar pesas una y otra vez, llegará al punto en que sus brazos ya no le obedecerán. No más. Ya no le quedará ni un gramo de fuerza; ni la más decidida oleada de voluntad hará que sus brazos le respondan.

En ese punto se encontraba Bryce cuando comenzó a hundirse en el agua fría. Toda su energía se había agotado; nada de fuerzas, incapaz de avanzar un metro más. Lo intentó una y otra vez, pero su cuerpo y sus habilidades le estaban fallando.

Imagínese ese momento: todos esos años, todo el entrenamiento, todo el sacrificio estaban a punto de irse a pique. Sus sueños hundiéndose con él. ¿Cómo se habrá sentido? Haber hecho todo lo que se le había exigido, haber pasado todas las pruebas y ahora, cuando estaba por llegar a la meta, sus fuerzas lo abandonaban. Pero entonces…

Cuando estaba hundiéndose y a punto de gritar pidiendo ayuda, sus ojos se posaron en la tierra firme que estaba delante de él. Allí estaba Mark, de pie sobre unas rocas. Mark lo vio y Bryce dice que le hizo un gesto con el puño cerrado a la vez que le gritaba: «¡Puedes hacerlo!». Sus miradas se encontraron por un segundo y, como lo describe Bryce, *algo* ocurrió. *Algo que estaba más allá* de él. Sintió cómo su cuerpo pasaba de pronto a otra marcha, a otra dimensión de rendimiento que nunca había experimentado antes: pudo recuperar su posición en la superficie del agua y nadar hasta alcanzar la meta. ¡Lo logró! ¡Completó la prueba! ¡Ya era un SEAL!

Eso es «el poder del otro».

EL MISTERIO Y LA CERTEZA

¿Qué había ocurrido? ¿Por qué una mirada y un gesto con el puño de un amigo fue capaz de llevar a Bryce más allá de sus límites físicos y mentales? ¿Por qué su cuerpo fue capaz de salir a la superficie, casi con piloto automático? ¿Cómo fue que sus brazos y piernas encontraron *más* energía de la que tenían antes?

En cierto sentido, no lo sabemos. ¿Cómo es que algo inmaterial, invisible y místico mediante una conexión emocional con un compañero puede tener efecto tan fenomenal en términos materiales, medibles y físicos y llenar de energía un cuerpo a distancia sobrepasando las fronteras físicas? Es difícil de entender.

A lo largo de los siglos, filósofos, psicólogos, teólogos y pensadores espirituales han luchado con algo llamado el problema mente-cuerpo, con el hecho que lo *invisible* tiene un efecto real en lo *visible*, y vice-versa. Pero por más que expliquemos estos mecanismos, la verdad es que los atributos invisibles de relación, de *conexión* entre las personas, tienen un poder real, tangible y medible.

Comienza con el nacimiento. ¿Sabía usted que, aunque alimente adecuadamente a los bebés, si los priva de una conexión relacional significativa, un acoplamiento o vínculo, no se desarrollarán como deberían? ¿Solo por no proveerles de una conexión relacional? Sus cuerpos no alcanzarán el peso adecuado, estarán más expuestos a enfermedades y, en casos extremos, podrán desarrollar un síndrome conocido como retraso en el desarrollo. Este es un término que significa precisamente eso: estarán alcanzando un límite *falso*. No están alcanzando su máximo potencial físico.

El daño causado por una falta de conexión puede ser aun más profundo. No es solo lo que se puede ver exteriormente. Si se pudiera mirar o examinar sus cerebros como muchas investigaciones lo están haciendo, se podrían ver, literalmente, agujeros negros; espacios donde las neuronas no se desarrollaron, los sistemas neurológicos no crecieron y las conexiones eléctricas no se completaron. También es muy frecuente que los niños que han experimentado estas privaciones tengan un cerebro más pequeño. Por esto vemos problemas de conducta y más tarde bajos rendimientos académicos. Estos niños están tratando de suplir las demandas de la realidad sin que los circuitos eléctricos de sus cerebros se hayan completado. Y *la razón para que tengan estas limitaciones es la falta de relación, falta de una adecuada conexión humana*.

Sin embargo, la necesidad de conexión comienza aun antes del nacimiento. Literalmente, va desde el vientre de la madre hasta la tumba. La relación afecta nuestro funcionamiento físico y mental durante toda la vida. Este poder invisible, el poder del otro, construye tanto el *hardware* como el *software* que lleva a un funcionamiento saludable y a un mejor rendimiento. Por ejemplo, las investigaciones muestran una y otra vez que las personas que tratan de alcanzar metas tienen éxito a un ritmo más acelerado si están conectados a un sistema de apoyo humano fuerte. Del mismo modo, investigaciones muestran que personas de edad avanzada que han sufrido ataques cardiacos o accidentes cerebrovasculares reaccionan mucho mejor, con una menor incidencia de recurrencia, cuando se unen a un grupo de apoyo. Otras investigaciones han demostrado que las personas que se benefician del poder de otros tienen sistemas inmunológicos más fuertes, tienden a enfermarse con menos frecuencia, y se recuperan más rápidamente cuando se enferman. Incluso si usted consume una dieta poco saludable, pero es parte de una comunidad muy unida, vivirá más tiempo que si está emocionalmente aislado y come solo alimentos saludables. (¡Digo amén a eso!)

Podemos preguntarnos cómo sucede y por qué, y tratar de averiguarlo. Pero ya no se puede negar que ocurre. La relación afecta la vida y el rendimiento. Punto. Por eso, en este libro vamos a hablar de eso, y cómo funciona realmente.

UNA CONVERSACIÓN DIFERENTE

Soy psicólogo, consultor de liderazgo y entrenador. Por definición, mi trabajo se centra en el rendimiento humano; es decir, en cómo la gente —individuos, equipos y organizaciones— puede desempeñarse mejor. Si usted estudia el desarrollo del rendimiento, ya sea en los negocios o en la vida personal, es posible que haya notado que la reflexión que haremos a lo largo de este libro sobre cómo *nosotros* nos desempeñamos mejor realmente se trata solo de *usted*.

Mejorar *sus* técnicas, *su* pensamiento, *sus* estrategias y habilidades. Intensificar *su* disciplina. Aclarar *sus* objetivos, *su* compromiso, *su* comunicación. Hay muchas otras habilidades, tácticas, estrategias, competencias y destrezas que usted debe aumentar y mejorar con el fin de llegar allí. En resumen, el mensaje es: «¡Usted puede hacerlo! «Usted puede llegar más lejos si lo hace mejor». Aprender más, hacerlo, pensar en forma diferente, o liderar de una forma diferente. Puede tener éxito siendo un mejor usted.

Adivine qué. Todo esto es cierto. La sabiduría y la competencia son importantes. Necesitamos nuevas habilidades, nuevos conocimientos y nuevas capacidades. Tenemos que esforzarnos por ser mejores versiones de nosotros mismos con el fin de hacerlo mejor y ser más de lo que somos.

Pero en ese menú falta algo: la *realidad*.

Pregúnteles a muchas personas sobre sus mayores logros y los retos que superaron, y encontrará algo en común: **siempre habrá alguien en el otro extremo que lo hizo posible.**

Tanto sus mejores temporadas, como las peores, no estuvieron influenciadas solo por el mercado o el ciclo económico, ni siquiera por sus habilidades. Sus mejores y peores temporadas también estuvieron relacionadas con *quién* estuvo a su lado en ese momento. Para bien o para mal. No todo dependió de usted. También dependió de otras personas que contribuyeron de forma importante en la persona que usted se estaba convirtiendo y cómo le iba en el proceso.

Este libro representa un cambio importante en el análisis sobre liderazgo, crecimiento y alto rendimiento. Pretendo reorientar la conversación de un enfoque solo en *usted* (por ejemplo, así es cómo *usted* se puede desarrollar), a un reconocimiento de que *su propio rendimiento será mejor o peor dependiendo de las personas que estén en su escenario*. Ellos tienen poder. Si bien la mayoría de los consejos sobre liderazgo y los libros sobre negocios se centran en cómo usted puede dirigir a otros, en cómo realiza su trabajo, y en cómo desarrolla sus destrezas y aptitudes, este libro se enfocará en las personas —en aquellos otros— que le afectan y en el poder que usted tiene como un «otro» para ellos.

La realidad innegable es que lo bien que a usted le vaya en la vida y en los negocios no solo depende de qué hace y cómo lo hace, de sus habilidades y competencias, sino también de quién lo está haciendo *con* usted o *para* usted. ¿Quién le está ayudando? ¿Quién está batallando junto a usted? ¿Quién lo está fortaleciendo o resistiéndolo y debilitándolo? Estas personas están, literalmente, convirtiéndolo en lo que usted es. ¿Quién le está ayudando a desarrollar esas habilidades y aptitudes? ¿Quién las está echando por tierra? Otras personas *tienen* poder sobre su vida, para bien o para mal. Pero, ¿qué *clase* de poder están teniendo los demás sobre su vida y su rendimiento? ¿Lo realzan o lo minimizan? Estas son las preguntas que estaremos analizando.

Usted no tiene posibilidad para decidir si otros tienen o no poder en su vida. Ya lo tienen. Y punto. Pero usted tiene la opción de decidir qué clase de poder otros van a tener en usted.

¿Cuántas veces ha visto o experimentado el poder que tiene un jefe, ya sea para ayudarle o para reprimir o arruinar su visión? Alguien que le informe directamente, un compañero de trabajo, un socio, un miembro del consejo pueden ayudarlo o perjudicarlo. ¿Cuántas veces ha visto el poder de otros interponerse en su camino? ¿Cuántas veces ha visto a alguien arruinar la atmósfera o la cultura de un equipo de trabajo, un grupo de amigos o una familia? ¿Y cuántas veces ha visto una situación, o su propia vida, cambiarse para el bien porque la persona adecuada se apareció? Otras personas juegan un papel en cada paso. Ellos influyen en usted tanto como usted en ellos.

Cómo maneja usted este poder es la diferencia entre ganar y perder, entre triunfar y fracasar. En quién usted confía, en quién no, qué obtiene de otras personas y cómo interactúa con ellas determinará todo. Usted no puede controlar a las personas, pero puede llegar a ser un experto en elegir y relacionarse con los demás.

Cuando tiene el poder del otro de su lado, usted puede superar cualquier límite que esté enfrentando o que pueda enfrentar en el futuro.

CAPÍTULO 2

LA CIENCIA DE LA CONEXIÓN

El impacto emocional fue tan poderosamente negativo que nunca voy a olvidar aquel momento, aquel día en el salón de clase.

Cuando estaba en la universidad, me había entregado totalmente al estudio de la contabilidad y las finanzas, pero después de experimentar algunos cambios importantes en mi vida, en mi tercer año decidí pasarme a estudiar psicología. Sería mi misión en la vida. Tomé todos los cursos que pude para tratar de aprender lo máximo, incluso antes de entrar en la escuela de posgrado. Estaba realmente emocionado con la posibilidad de estudiar la ciencia detrás de la forma en que nos desarrollamos, funcionamos, ejecutamos y somos sanados. Tendría que aprender muchísimo. Soñaba con convertirme en un experto y tener un propósito en la vida y la misión de ayudar a otros. Quería ser el mejor «doc» y aprender los mejores protocolos de tratamientos, metodologías de entrenamiento y consultoría, y cualquiera otra cosa que pudiera añadir a mi caja de herramientas. Para cuando comencé la escuela de posgrado tres años después, además de mis clases de psicología en la universidad, había estudiado terapia cognitiva, la psicología de Gestalt, análisis transaccional, comportamiento organizacional, intervenciones conductuales, terapia de grupo, terapia primal, tratamiento psicodinámico, tratamiento de pacientes hospitalizados, y varios aspectos del desarrollo espiritual. Como soy algo obsesivo, como puede notar, estaba en una misión de aprender todo lo que me fuera posible.

Entonces, en medio de toda aquella excitación, un día me sentí tan desanimado que casi quise volver a estudiar finanzas. Fue en una clase donde el profesor estaba revisando un meta-análisis de los tratamientos de la psicología clínica; un resumen sobre cuál de los métodos de tratamiento trabajaba mejor. Un equipo de investigadores había «facto-analizado» los resultados de los distintos tratamientos con el fin de entender qué era lo que realmente producía cambios, crecimiento y sanidad en una persona. Los investigadores analizaron el estilo de cada técnica, las intervenciones sobre el pensamiento y los sentimientos, las dinámicas, y otras cosas por el estilo. Si bien todo aquello era importante, el profesor explicó, que había algo más, otro factor que realmente había producido *la* fuerza curativa a través de cada una de estas modalidades. Había *algo* que realmente provocaba el cambio.

Allí estaba sentado, esperando impacientemente para descubrir el secreto para ayudar a la gente. Por fin, en aquel momento, descubriría ese meollo esotérico de sabiduría que había estado buscando todo ese tiempo. El profesor nos miró y dijo: «Es la relación. Lo que en realidad provoca el cambio en las personas, y la cura, es la relación entre el psicólogo y el cliente».

«¿*Qué?*», pensé. «¿*Es eso? ¿Eso es todo? ¿Para eso renuncié a estudiar finanzas y a la escuela de leyes? ¿Para ser un "amigo-de-alquiler"?*».

¡No lo podía creer! ¿Todo aquel entrenamiento, escuela de posgrado, pasantías, y el resto, aprender todas estas cosas, y realmente todo lo que importaba era la *relación*? Entonces, ¿por qué rayos estoy haciendo esto? Lo que este profesor está diciendo es que mi fraternidad es básicamente un centro de tratamiento. Allí tenemos relaciones, ¿pero acaso él no sabe que también tenemos un montón de comportamientos desatinados? ¿Está sugiriendo que todo lo que necesitamos es un amigo?

¡Tiene que haber algo equivocado en esto!, recuerdo que pensé. Pero no había equivocación alguna: la ciencia había demostrado que la *relación* era el factor curativo.

No recuerdo el resto de la conferencia, pero continué más allá de aquel día fatídico y desmoralizante aunque me acababan de decir que todo lo que iba a aprender en los próximos siete años de entrenamiento no valdría mucho más de lo que mis amigos ya me habían dado. No podía ser cierto.

Sin embargo, terminé descubriendo que los resultados de la investigación eran, en realidad, cien por ciento verdad. Y cien por ciento *no*.

¿Cómo puede ser?

La ciencia confirma que llegar al siguiente nivel *es* cien por ciento dependiente de la relación. Pero… la relación debe ser la relación correcta, de una *clase* diferente a simplemente salir con los amigos. La relación debe proporcionar funciones muy específicas y una energía igualmente muy específica; debe generar

experiencias constructivas muy específicas y codificar información muy específica dentro de los cerebros de las personas involucradas en la relación. Los tipos correctos de relación nos
capacitan para la resistencia y el éxito. En este libro, examinare-
mos qué relaciones nos ayudan a llegar al siguiente nivel.

LA GEOMETRÍA DE LAS RELACIONES

Daniel Siegel es profesor en la UCLA (Universidad de California en Los Ángeles) y un líder en neurobiología. Es uno de los
científicos cuyos estudios sobre el cerebro han ayudado a elucidar
cómo este interactúa con los aspectos de la vida que determinan
nuestro éxito:

- El ámbito **clínico**: cómo nos sentimos, pensamos y
  nos comportamos;

- El ámbito **relacional**: cómo nos relacionamos con
  otros; y

- El ámbito del **rendimiento**: cómo actuamos y qué
  logramos.

Siegel, que ha estudiado la formación del cerebro y la mente
en el contexto de las relaciones, resume su poder curativo mejor
que nadie que conozca. En su *Pocket Guide to Interpersonal Neuro-
biology: An Integrative Handbook of the Mind* (Nueva York: Nor-
ton, 2012), agrupa toda la investigación con un enfoque triple, al
que se refiere como el **triángulo** del bienestar.

Este triángulo del bienestar determina la forma en que actuamos en áreas de la vida diaria que son importantes para nosotros; ya sea que se trate o no de nadar hasta la meta en la prueba de SEAL, de tener o no un matrimonio enriquecedor y feliz, de si un alto ejecutivo es capaz o incapaz de dirigir un equipo de trabajo, de si un niño se desarrolla o no intelectualmente, de si usted es capaz o no de luchar contra las adversidades y aguantar. Los tres elementos que forman el triángulo de bienestar trabajan juntos para desarrollar, impulsar, crear y regular nuestro funcionamiento y desempeño. ¿Cuáles son estos tres elementos? Son nuestro cerebro/cuerpo (lo físico), nuestras conexiones relacionales, y nuestra mente, que regula la energía y la información necesaria para vivir y actuar.

Siegel describe el triángulo como un «proceso… que regula el flujo de energía y la información dentro de nuestras interacciones sociales y nuestros patrones de activación neural… no es el cerebro *o las* relaciones… se trata de un sistema que vincula el flujo de energía y la información **dentro del cerebro y entre uno y otro miembro del triángulo**». Nuestro cerebro funciona en el contexto de las relaciones, y desarrolla una *mente reguladora* que controla el flujo de nuestra energía y la información que maneja todo. Estamos conectados de una manera tal que la realidad de cómo funcionamos siempre involucra estos tres elementos: *nuestra constitución física, nuestras relaciones y nuestras mentes.*

Siegel continúa: «Así como una moneda tiene cara, cruz y un borde, la realidad de la energía y el flujo de información tienen al menos tres facetas: la participación en "**relaciones**", mecanismo incorporado en el "**cerebro**" y la regulación en la "**mente**"». **Para producir cambio y un alto rendimiento** se necesitan *los tres* *elementos*; los tres lados del triángulo. Cuando fortalecemos cada lado del triángulo, nuestro bienestar aumenta. Y eso solo ocurre debido a, y a través de, las relaciones. Dicho de otra manera, para llegar al siguiente nivel, necesitamos las relaciones que nos ayudan a desarrollar tanto nuestro cerebro como nuestra mente de forma muy específica. Cuando estas relaciones operan de cierta manera, obtenemos mejores resultados. Cuando no funcionan, nosotros tampoco. Nos quedamos donde estamos o retrocedemos.

Desde aquel momento en la universidad que me hizo despertar y me motivó a averiguar sobre *la calidad de las relaciones*, he visto de primera mano que ayudar a las personas a mejorar su rendimiento y desarrollar los límites anteriores implica *mucho* más que simplemente pasar el rato. El bienestar *depende* de estar relacionado, pero en formas muy específicas, impartiendo información muy específica y codificando a través de interacciones relacionales, flujo de energía y regulación, todo lo cual desarrolla la capacidad de rendimiento en la mente, el cerebro y el cuerpo. No se trata de relaciones *o* información; se trata de ambas cosas. Pero también de ciertas *experiencias* en nuestras relaciones que provocan que nuestros equipos mentales y físicos crezcan, se desarrollen a un más alto nivel y se desempeñen mejor de lo que habíamos alcanzado antes. Esto requiere de relaciones, *pero de un tipo particular*. Eso nos lleva al siguiente nivel, y ese es el enfoque de este libro.

El triángulo del bienestar debe desarrollarse de una manera particular, para que las relaciones, cerebro y mente trabajen juntos para *desarrollar nuestras capacidades más allá de sus límites actuales.* Las dinámicas de la relación deben ordenarse de una manera determinada e impregnarse con ciertos tipos de información, códigos o patrones. Así como una computadora tiene un código específico que hace funcionar el sistema operativo, los «códigos» integrados en las relaciones se internalizan con el tiempo. Nuestras relaciones ayudan a escribir el «código» de lo que somos y estamos llegando a ser. Las relaciones tienen poder, para bien y para mal. «Código» bueno o malo, y «energía» buena y mala. Y afectan las tres partes del triángulo del bienestar: la parte física, la interpersonal y la psicológica.

Vamos a ver cada una de estas tres partes y por qué son importantes en nuestro funcionamiento.

Primero, están el **cerebro** y el sistema nervioso considerados como un todo; el órgano físico que incorpora todos estos procesos, los maneja y se afecta por ellos. Nuestro desempeño, nuestras relaciones, nuestros logros, nuestros sentimientos y nuestras conductas se afectan por lo que ocurre en nuestro cerebro físico. Nuestros cerebros funcionan con cargas eléctricas y químicas, tales como los neurotransmisores y las hormonas. Sus células nerviosas y sus interacciones comprenden todo el equipo físico al que Siegel se refiere como la «actividad neuronal». Así como los circuitos en una computadora —la tarjeta madre, los microchips, el cableado eléctrico, la batería— afectan su rendimiento; del mismo modo, el cableado de nuestro cerebro afecta fundamentalmente lo que hacemos.

Tomemos una ilustración sencilla. Cuando sus hormonas cambian, su comportamiento cambia, la forma en que se siente cambia y cambia la forma en que se relaciona con otros. Si su serotonina se agota, su estado de ánimo cambia tanto como su capacidad para concentrarse y enfocarse. Su energía disminuye. La función de la insulina cambia sus niveles de glucosa; y entonces, su forma de pensar, su energía, su comportamiento, y una serie de otros impulsores de rendimiento también se afectan. Por eso los atletas se autorepostan. El cerebro —el equipo físico— es una parte fundamental de todo nuestro funcionamiento. Pero eso no es *todo*.

Segundo, está la **relación**; nuestras conexiones interpersonales y nuestras experiencias en esas conexiones. Cuando hablamos de relación no nos referimos a pasar un rato con los amigos en una reunión de fraternidad. Estamos hablando de *conexiones relacionales cualitativas específicas*. La neurociencia nos ha demostrado que esta clase de relaciones, aun cuando parezcan insignificantes, mejoran en gran medida el rendimiento e incluso ayudan a desarrollar, a realimentar y a sustentar las conexiones físicas en el cerebro.

Por esto usted puede sentir de manera muy diferente y actuar en forma muy diferente dependiendo de con quién esté y cómo se va desarrollando esa relación. Además, *es en las relaciones que nuestras mentes realmente se desarrollan*. Estas relaciones no solo afectan nuestros cuerpos y cerebros, sino también las capacidades de nuestras mentes. Los bebés que tienen una relación de cariño, cuidado, apoyo y sintonía desarrollan toda clase de equipo físico y mental internos.

El equipo neural que resulta de esas relaciones les permitirá conectarse con otros, sentir empatía por otros, y desarrollarse intelectual y físicamente. Una relación saludable capacita los cerebros para una serie de funciones, tales como la capacidad para regular las emociones, resolver problemas, lidiar con el estrés, y ser resistente. Como veremos más adelante, los líderes en el mundo de los negocios, los atletas y otras personas de alto rendimiento desarrollan sus equipos a través de las relaciones utilizando los mismos mecanismos.

La estructura, las actividades y la calidad de esas relaciones son cruciales. Si las relaciones son positivas, bien sintonizadas, empáticas, cuidadosas, apoyadas y desafiantes, causarán un desarrollo positivo en el cerebro y aumentarán las capacidades de rendimiento. Si, por otro lado, no son conexiones de calidad, no causarán *nada* cuando algo *debería* estar pasando, o cosas *malas* se desarrollarán dentro de nosotros cuando *no debería* ser así. «Sabandijas» tales como un cerebro hiperactivo, desconfianza, pensamientos impredecibles, incapacidad para concentrarse y poner atención, impulsividad, conducta controladora, sensibilidad al fracaso; entre otros, interfieren con nuestro desempeño.

Tercero, está la **mente**, y esta es la principal razón por la que creo que mi profesor estaba equivocado al implicar que la terapia tenía *solo* que ver con la relación. La mente es el equipo psicológico que lo regula todo, el proceso de *software* esencial que mantiene todo fluyendo y trabajando para ganar… o no. Como lo describe Siegel, la mente «regula el flujo de energía y la información dentro de nuestros cuerpos y dentro de nuestras relaciones, un proceso emergente y auto-organizado que produce nuestras actividades mentales tales como la emoción, el pensamiento y la memoria». Nuestras mentes procesan todo lo que está sucediendo en cualquier momento, lo que nos permite hacer bien o no.

Por esto no podemos conformarnos con solo «una relación», o tener solo un «amigo» y esperar que sea todo lo que necesitamos para llegar al siguiente nivel. Cualquier persona no es suficiente. Está el desarrollo de *equipos* internos, el desarrollo de nuestras *mentes* que regulan la vida y nuestro funcionamiento.

La mente, o el proceso mental, deben desarrollarse para regular el flujo de energía y de información dentro de nuestros cuerpos y en nuestras relaciones para acoplarnos al mundo exterior de toda actuación. Este desarrollo da lugar a la capacidad de pensar de manera diferente, sentir de manera diferente, regularnos a nosotros mismos de manera diferente, y obtener mejores resultados. No solo debemos centrarnos en las relaciones, sino también en el desarrollo del equipo en nuestra mente, pues esto impulsará el rendimiento. Esta es una distinción importante que reiteraré a lo largo de este libro. Sí, la relación es importante, pero debe ser la *clase* de relación que desarrolla un buen equipo —la tecnología de su mente, si quiere— para mejorar el rendimiento.

Un mejor rendimiento viene como consecuencia de mejorar el equipo —en lenguaje de las computadoras, el procesador y el *software*— que impulsan el rendimiento. Se trata de aumentar los caballos de fuerza de su «motor» de rendimiento y su capacidad de regularse a usted mismo. Estas mejoras ocurren a través de ciertas clases de experiencias relacionales, energía e información que trabajan juntas a medida que usted experimenta el crecimiento. Su cuerpo/cerebro, su experiencia relacional y su mente trabajan juntos para hacer que todo funcione… o no. Las relaciones —el «poder del otro»— no pueden desatenderse en la fórmula para llegar a su siguiente nivel. Son fundamentales en todo esto. Lo físico, lo relacional y lo mental, todos trabajando juntos, pero verdaderamente integrados en la relación.

Mi objetivo es ayudarle a ver que las cosas que siempre tratamos de hacer para conseguir mejores resultados —que incluyen trabajar en nuestras capacidades, nuestros estilos de pensamiento, la iniciativa, la estrategia, la comunicación, la responsabilidad, la perseverancia, la capacidad de adaptación, y así sucesivamente—son ciertamente válidas, pero insuficientes. El problema es que no puede simplemente cambiarlas por usted mismo. Ya usted está en su límite con el equipo que tiene. Sin embargo, sus habilidades cambiarán y su equipo crecerá en la medida que estas capacidades se desarrollen en ciertas clases de relaciones.

Para llegar al siguiente nivel de rendimiento, va a tener que pensar de manera diferente, pero para pensar de manera diferente, deberá tener una mente diferente, y su cerebro tendrá que tener un encendido diferente. Para desarrollar estas diferencias en su mente y en su cerebro, el equipo en el que se plasman los pensamientos, los sentimientos y los comportamientos, va a tener que conectarlos en una manera que renueven las conexiones en usted.

CAMBIO DESMITIFICADO

Después de un año y medio trabajando juntos, me reuní con el director ejecutivo de una empresa a nivel nacional para revisar nuestras sesiones de entrenamiento.

—Es interesante —comentó—. Estoy sorprendido por las diferencias. No puedo creer lo *diferente que ahora pienso en el negocio* y el crecimiento que viene a causa de ello. Profesional y personalmente, estoy en un lugar distinto del que estaba cuando comenzamos, un lugar que ni siquiera podía ver en aquel entonces. Pero hay un misterio en todo esto… algo que no puedo entender.

—¿De qué se trata? —le pregunté.

—Bueno, usted cuestiona mucho mi modo de pensar. Sin

embargo, no es que me diga *qué* pensar o qué hacer, específicamente. De hecho, a veces he deseado algunas listas más estructuradas sobre lo que tengo que hacer. Me gustaría que de vez en cuando me dijera: «Haga esto o lo otro». Quisiera apurar más el proceso, acelerarlo, para seguir mejorando.

Me eché a reír… en voz alta. Extrañado, me miró y me preguntó:

—¿Por qué se ríe? ¿Dije algo divertido?

—De lo que me río —le contesté—, es de la forma en que el crecimiento lleva al siguiente nivel. Funciona. No es algo que podamos controlar o hacer que aparezca como por encanto o simplemente decidir que sea… aun cuando nos gustaría que fuera así, ¿verdad? Usted y yo sabemos que a usted le gusta controlar las cosas. Pero mejorar no tiene nada que ver con «desear» tener un mejor rendimiento. *De lo que trata es de convertirse en alguien que tenga un mejor rendimiento y ejecute en manera diferente. Tiene que ver con cambiar el equipo.*

Entonces entendió la razón de mi risa. Él había estado creciendo como resultado de un proceso, no por la fuerza de voluntad ni por estar trabajando con una gran lista de cosas por hacer. Cierto que había estado trabajando en cosas específicas que yo le había dado para hacer, incluso muchas tareas. Pero, en realidad, el cambio que estaba viendo en su rendimiento estaba más fuera de su control de lo que le hubiera gustado que fuera. Igual que muchos altos ejecutivos, a él le encantaba tener el control y estructurar las cosas. Pero llegar a ser mejor no es un acto solitario ni es algo que se pueda controlar a voluntad. Su crecimiento estaba ocurriendo al usar nuestra relación y en ordenar otras relaciones en su trabajo, y por esto él como persona y su modo estaban cambiando. Su equipo estaba cambiando.

—Es el proceso —le dije—. Siga haciendo lo que ha estado haciendo… Vamos a seguir trabajando con sus fortalezas, y usted va a volver y trabajar con ellas a través de las formas que hemos estudiado y verá cómo sigue cambiando… Va a pensar de forma diferente porque su equipo «pensador» está cambiando. Está operando con más caballos de fuerza. Confíe en él. Funciona.

En seguida, confirmó mi afirmación con un ejemplo. Recordó cómo, en una reciente reunión de la junta de directores, el presidente había expresado sus dudas sobre los términos de un acuerdo que él había hecho a nombre de la compañía. El presidente cuestionó en voz alta si el director ejecutivo había protegido eficazmente a la empresa de un competidor a través del acuerdo. Tal como el presidente hizo el planteamiento, daba la impresión que dudaba que el director ejecutivo tuviera un plan para el futuro y si estaba anticipando, o no, cómo proteger la compañía contra la competencia.

—En el pasado —me contó— habría pensado inmediatamente en los movimientos defensivos que tendríamos que hacer para protegernos y demostrarle al presidente que plantearíamos una buena defensa contra el competidor. Pero esta vez actué en forma diferente. Por alguna razón, estaba muy tranquilo y le dije: «No solo no es un problema, sino que he dado todos los pasos para asegurarme de que hemos hecho que sea mucho más difícil para nuestros competidores causarnos algún daño». En seguida esbocé la estrategia *ofensiva* que sacaría totalmente del escenario a nuestro competidor. Básicamente no estaba pensando en una estrategia defensiva. Mis pensamientos eran muy distintos; eran pensamientos *ofensivos*. Al cambiar de una posición defensiva a una ofensiva, estaba poniendo a nuestra compañía en una posición completamente diferente en el mercado de lo que hubiera hecho antes. Aquellos eran pensamientos realmente distintos, y no me estaba *diciendo* que debía pensarlos; simplemente estaba ocurriendo. Y así ha seguido sucediendo. Estoy teniendo pensamientos totalmente diferentes».

—Esas capacidades —le aseguré—, no harán sino aumentar a medida que continúe creciendo. No va a tener que convencerse a usted mismo que tiene que ser mejor. Lo hará porque su equipo es diferente y porque es diferente, actuará de manera diferente.

DESCUBRIMIENTOS PODEROSOS

Imagine que no tuviera que *controlar* sus reacciones o sentimientos de estrés, sino que realmente no se sintiera estresado por lo que lo estresa. Imagine que no tuviera que cambiar o controlar lo que está a punto de decirle a alguien, sino que de su boca salieran expresiones diferentes, lo que le evitaría morderse la lengua si hubiese dicho lo que había estado a punto de decir. De eso se trata el crecimiento real: diferencias cualitativas en nuestro equipo de rendimiento, que arroja un rendimiento diferente. Usted descubrirá que esa clase de crecimiento ocurre en las relaciones clave con dinámicas clave, y al estar presentes, usted crecerá, cambiará, y aumentará su capacidad. Ese es el resultado del poder del otro.

¿Qué tan poderosos son los efectos de la relación hechos de cierta manera? Aquí hay algunas de las variables sobre las cuales las conexiones relacionales producen efectos cualitativos y cuantitativos:

- Cuánto tiempo vive

- Llega o no a alcanzar sus objetivos

- Cierra o no esa venta

- Cuánto dinero gana

- Qué tan bien les va a sus hijos en la escuela

- En cuánta gente confía

- Cómo enfrenta el estrés y el fracaso

- Qué clase de estado de ánimo tiene

- Cuánto dolor físico experimenta

- Cómo y qué piensa

Piense en algunas de estas variables y cómo las abordamos regularmente. Si, por ejemplo, usted quiere tener una vida más larga, ¿tiende a enfocarse más en lo que come, en la cantidad de ejercicio que practica o si es o no fumador? ¿Se concentra en contar grasas, calorías y flexiones de brazo? *O, ¿se enfoca también en si está o no relacionándose con las personas que tiene cerca y con las que comparte su vida?*

Si usted está tratando de alcanzar una meta, ¿se enfoca solo en su estrategia, *o piensa en quiénes va a involucrar para que le ayuden a alcanzarla?*

Si usted está tratando de cambiar una conducta, ¿se propone un objetivo para el cambio, y empieza a tratar de cumplir con ese objetivo? *¿O busca entrenamiento y apoyo que le ayuden a conseguirlo?*

Si está tratando de levantar un negocio exitoso o hacer crecer el que ya tiene, ¿se enfoca solo en la estrategia y en la ejecución? *¿O se centra en desarrollar una cultura empresarial próspera?*

Cuando intenta cerrar una venta o conseguir un inversionista para respaldar su empresa, ¿se enfoca en la razón racional para comprar? *¿O se centra en la relación y los valores compartidos?*

Lo que sea que queramos conseguir, nuestro éxito depende de las relaciones con otros. Sin la ayuda de otros o con dinámicas negativas de otras personas destructivas, lo más probable es que fracasemos. No hay términos medios. O estamos prosperando en términos de energía relacional y creciendo, o vamos para atrás, lenta o velozmente.

En el resto de este libro, veremos los efectos de tipos específicos de relaciones y cómo nos ayudan o nos impiden llegar más allá de lo que podrían ser nuestros límites actuales.

- Cómo estamos *siempre* buscando conexiones, a veces con resultados no muy buenos, y qué hacer ante esa realidad

- Cómo nuestra actitud en nuestras relaciones determina si nos serán útiles o no

- Qué nos alimenta para tener un mejor rendimiento

- Cómo ganamos dominio propio y el dominio para el rendimiento

- Cómo la titularidad que motiva el rendimiento se desarrolla a través de la relación

- Cómo podemos superar la naturaleza adversa de los estándares que nos hacen resistir nuestras metas

- El papel de la estructura y el tiempo en el desarrollo de la capacidad y los «caballos de fuerza»

- La dinámica más destructiva en los sistemas relacionales

- Cómo se desarrolla y se mantiene la confianza en las relaciones basadas en la capacidad.

He elegido estas áreas por varias razones. En primer lugar, representan muchas de las dinámicas más importantes involucradas en el desarrollo de un alto rendimiento. Como verá, cada una es un elemento clave para llegar al siguiente nivel, sin importar el punto en que usted o su equipo puedan encontrarse en este momento. Estos asuntos incluyen el abastecimiento de potencia, el autodominio, la posesión, la aceleración, la estructura, y otros. En segundo lugar, la verdad es que cada una de estas dinámicas requiere de la relación con el fin de aumentar la capacidad. Todas ellas se desarrollan en el triángulo que acabamos de analizar. Y vamos a examinar la naturaleza de las relaciones que harán que ese triángulo prospere.

Comencemos haciéndonos la primera y más importante pregunta:

«¿Dónde está usted?».

CAPÍTULO 3

LAS CUATRO ESQUINAS
DE LA CONEXIÓN

Su avión aterriza y la azafata anuncia: «Ahora pueden usar sus teléfonos móviles». Usted enciende el suyo, ¿y qué es lo primero que sucede? Recibe un mensaje en la parte superior de la pantalla que dice: «Buscando...», o «buscando conexión...», o «buscando la red...».

Mientras el teléfono no se conecte a la red, nada ocurre. Pero una vez conectado, ocurren milagros en el mundo invisible. Las capacidades del teléfono se han activado para que sea todo aquello para lo cual fue diseñado. Ahora usted puede descargar automáticamente o corregir errores en el programa; puede descargar nuevas aplicaciones que le permitan hacer cosas que no podía hacer antes. A través de esta conexión, todos los recursos del mundo exterior se ponen de repente a su disposición y listos para proporcionar un beneficio. A través de este enlace, el teléfono lo conecta a todo el mundo, a toda su información y conocimiento, ayuda y habilidad, para permitirle un mejor rendimiento. A partir de esta conexión, casi todo es posible. El teléfono supera sus límites anteriores... puede ser más grande y mejor.

Sin embargo, sin una conexión a la red correcta, ese pequeño aparato nunca será capaz de hacer todo para lo que fue diseñado. Claro, aún podría ser capaz de decirle la hora, la fecha e incluso servir como un archivo de comunicaciones anteriores y fotos, pero sin una conexión fuerte y constante nada *nuevo* o *mejor* puede ocurrir. Sin una conexión, el dispositivo habrá llegado a su límite. Por más que lo intente, no producirá mejores resultados que cuando estaba en el avión.

Con los seres humanos ocurre exactamente lo mismo. En un sentido, usted y yo somos como el teléfono móvil. Desde el momento en que nacemos —al momento de aterrizar—, un «chip» dentro de cada uno de nosotros comienza a buscar una conexión con la red correcta, una conexión que nos proporcionará la energía y la información (codificación) para ir más allá de la capacidad, experiencia y rendimiento que tengamos en ese momento. Y esta búsqueda, esta necesidad de conexión, no es opcional. Es el cableado que estará siempre activo, aunque no nos demos cuenta e incluso si llegáramos a no desearlo.

Mientras estemos vivos, el corazón, la mente y el alma estarán buscando una conexión. Un «otro». Varios «otros». Una comunidad que traiga vida, todos los ingredientes de vida que necesitamos para ir más allá de los límites —y rendimientos— del estado actual en que nos encontramos.

La necesidad de conexión se inicia antes de la infancia y

continúa a lo largo de toda la vida: desde la matriz hasta la tumba. Si usted está vivo, la necesita para desarrollarse, punto.

Somos alimentados desde el exterior, desde la conexión con otros. Ya se trate de un teléfono inteligente o de un ser humano, cuando el sistema no puede hacer una conexión, comienza a agotarse. Esta es una realidad indiscutible. Los seres humanos necesitamos conexión, y nuestros sistemas están siempre en busca de una.

UN RETRASO EN EL DESARROLLO

Le hablé de este proceso al presidente de una junta de directores.

—Usted nos acaba de explicar nuestros últimos tres años y la razón por la que tuvimos que despedir a nuestro director ejecutivo —me dijo el director.

—¿Cómo así? —le pregunté.

—Teníamos una súperestrella —me contestó—. O al menos eso creíamos. Era un hombre inteligente y talentoso. Lo tenía todo. Pero poco a poco empezamos a darnos cuenta que algo no andaba bien. La cultura de la empresa empezó a cambiar: menos energía, menos trabajo en equipo, menos pasión. Y el rumbo comenzó a ponerse borroso.

Luego todo empeoró. El presidente me siguió explicando que el director ejecutivo era como una isla. A pesar de que hacía cosas a favor de la empresa, la verdad es que nadie sentía que podía acercarse a él. Cuando la junta tenía que tratar algo importante, él se desconectaba y se encerraba en sí mismo. Su equipo ejecutivo sentía que él no era realmente parte de su propio equipo. No se relacionaba con ellos ni buscaba su opinión.

Luego, comenzó a afectarse sus decisiones. Se alejaba de los objetivos que el equipo y la junta habían establecido, y procuraba seguir su propia agenda sin ninguna aportación de otros. Terminó costándole a la empresa una gran cantidad en tiempo y dinero para limar asperezas y salir de los tratos cuestionables que había hecho. Estaba claro que tendría que irse.

—Lo curioso es que hasta ahora —continuó explicándome el presidente mientras movía la cabeza en un gesto de incredulidad—, nunca me había dado cuenta de que el problema principal no eran sus decisiones ni la estrategia que quería seguir, sino el hecho de que estaba demasiado desconectado… de la junta, de su equipo de trabajo y, en realidad, de la organización. Sus decisiones nacían de su desconexión.

Un teléfono celular puede parecer como si estuviera trabajando… por un tiempo. Puede calcular cosas, ejecutar programas y mantener el funcionamiento básico, pero si no encuentra una conexión —y la correcta y pronto—no será de mucha utilidad. Esa es también la dinámica que se da en el rendimiento humano.

¿DÓNDE ESTÁ USTED?

¿Alguna vez ha ido a un restaurante para encontrarse con un amigo, se sienta y le escucha preguntarle: «¿Dónde estás?».

Pregunta curiosa, si piensa un poco. Usted podría responder: «¿Qué no me ves que estoy aquí? ¿Dónde voy a estar?».

Pero eso no es lo que realmente le está preguntando su amigo. Es algo mucho más profundo: «¿Dónde está *usted*... el verdadero usted? ¿Su corazón, mente y alma? ¿Su yo interno?». Le está preguntando: «¿Cómo estás? ¿Cómo anda tu vida?».

Es interesante el uso que, en este contexto, se hace de la palabra *dónde;* como si estuviéramos hablando de un lugar literal, una especie de espacio interior. Y no se asombre porque usted *está* «en algún lugar»; en un buen lugar o en un mal lugar.

Ese algún lugar es un estado de *conexión*, incluso cuando usted está solo, así que la próxima vez que alguien le pregunte: «¿dónde estás?», piense más seriamente antes de contestar. La habilidad de responder a esa pregunta puede cambiar todo con respecto a su rendimiento, su crecimiento y su vida.

LAS POSIBILIDADES SOBRE DÓNDE SE ENCUENTRA

La realidad es que, en términos de conexión, usted está siempre en uno de *cuatro* lugares. Sin importar las circunstancias de vida por las que esté pasando exteriormente —victoria o derrota, o algún lugar intermedio— hay solo *cuatro posibilidades de conexión* en las que puede estar en un momento dado. Esa es la premisa de este libro, y la ciencia y la experiencia coinciden en que descubrir *dónde se encuentra* es una de las cosas más importantes que usted puede hacer por sí mismo.

Si bien hay cuatro tipos diferentes de conexiones —cuatro posibles esquinas en nuestro espacio relacional—, solo una de ellas le ayudará a prosperar. Las otras tres esquinas siempre disminuirán su rendimiento y su bienestar. De hecho, pueden destruir su visión, sus relaciones, su rendimiento y su salud. La clave es salir de cualquiera de las otras tres y quedar en la única que funciona. Piense en esta dinámica como la geografía de las relaciones; un mapa con cuatro esquinas:

1. Desconectado, ninguna conexión

2. La conexión incorrecta

3. La conexión pseudobuena

4. La verdadera conexión

PRIMERA ESQUINA: DESCONECTADO

El director ejecutivo descrito antes en este capítulo es el ejemplo perfecto de alguien que vive en la Primera Esquina. A veces una persona puede ser extrovertida, y estar siempre rodeada de otros, pero *aun así* estar desconectada. De hecho, algunas de las personas más desconectadas en la tierra, sociópatas y algunos narcisistas, pueden ser muy encantadoras y, en un principio, tener un poder de atracción. Sin embargo, no son capaces de hacer una verdadera inversión emocional en los demás. La verdadera conexión siempre implica invertir emocional y funcionalmente en los demás; en un dar y recibir dinámico. La desconexión carece de algo, en una dirección u otra; ya sea en el dar o en el recibir. Las personas verdaderamente conectadas hacen ambas cosas: están emocionalmente presentes, y son capaces de dar y de recibir.

Como líderes, las personas que residen en la Primera Esquina tienden a no desarrollar culturas relacionales sólidas. La cultura puede ser de alto rendimiento y exigente, pero estas personas no sienten que sus contribuciones son valoradas ni que a los demás les importen mucho. Y aunque quizás tengan buenos resultados en los negocios, por lo general son de corta duración, y entonces la falta de relaciones profundas y positivas y de una cultura cuidadosa comienza a erosionar la confianza y la buena voluntad. Y la situación se va poniendo más y más tóxica. Por lo general, las personas más saludables y talentosas se van a trabajar en lugares donde se sienten más valorados y donde pueden ser parte de algo que tenga alma.

Bajo líderes desconectados, la toma de decisiones tiende a hacerse en aislamiento, o bien solo por los líderes o en silos organizacionales que ellos crean o adoptan. A veces, los líderes desconectados permiten la presencia de una o dos personas en sus mundos, pero usualmente para que les sirvan como escudos humanos, para que así el líder en la Primera Esquina pueda mantenerse en su burbuja. Tal escudo puede ser un colega, alguien que les informe directamente, el cónyuge, o cualquier otra persona que le ayude a permanecer desconectado del conjunto. Y, por lo general, esa conexión en sí no es muy saludable ni mutuamente beneficiosa. Se pudiera sentir así, pero no lo es.

Este modelo de liderazgo «sistema cerrado» hace exactamente lo que hacen todos los sistemas cerrados: empeoran con el tiempo. Sin aprovisionarse de energía y de inteligencia exterior, las decisiones se hacen más y más raras y quedan más y más aisladas de realidades claves o de los accionistas. Pronto, estos empiezan a preguntarse: «¿Qué estaba pensando? Está totalmente desconectado».

Estar cerca de los líderes que operan desde la Primera Esquina es frustrante y confuso, así que imagínese tener una relación *personal* con una persona desconectada. Sin duda, es peor que la profesional. Puede ser un lugar solitario… una experiencia extraña y que puede enloquecerte.

Las interacciones que deberían ser satisfactorias dejan a su interlocutor sintiéndose ignorado, mal entendido, incapaz de hacer el más mínimo impacto en la persona desconectada porque esta carece de empatía o la expresa solo superficialmente y no puede ser un apoyo real para los demás. De hecho, a veces los que están en la Primera Esquina tratan a otros como si no tuvieran sentimientos y dan la impresión que no tienen el más mínimo interés en ellos. Si usted se encuentra en una relación así, es posible que se sienta como el cantante George Thorogood cuando dice: «Cuando bebo solo, prefiero que nadie me acompañe».

Con el tiempo, los que están en una relación con una persona desconectada tienden a desanimarse y terminan yéndose. Todos hemos experimentado, en alguna instancia de nuestras vidas, algún tipo de relación significativa que se suponía que ofrecería conexión, pero no fue así. Sin embargo, a pesar de esto, la búsqueda de una conexión real continúa.

ATASCADO EN LA PRIMERA ESQUINA

Hasta ahora he descrito lo que se siente al intentar conectarse con alguien en la Primera Esquina. Es duro, hay soledad y es difícil de sustentar. Pero, ¿qué tal si le estoy describiendo a usted

—atascado en la Primera Esquina— aun cuando no se haya dando cuenta antes? Si quiere saber dónde se encuentra, simplemente pregúnteles a las personas en su vida que dependen de usted. Pregúnteles si se sienten necesarios, valorados, escuchados y que tienen su confianza. Si la respuesta es sí, entonces probablemente no esté atascado en la Primera Esquina. De hecho, si está leyendo esto y lo entiende, entonces es poco probable que esté viviendo en la Primera Esquina.

No obstante, aun si no estuviera totalmente aislado, todavía es posible que sus conexiones no sean tan fuertes como deberían ser, o tan saludables como usted querría que fuesen, o que esté viviendo algunas realidades de la Primera Esquina. Esto es muy común entre los profesionales de alto rendimiento.

Por las razones que sean, la vida le ha enseñado que tiene que hacer cosas por usted mismo. De manera muy concreta, usted no se permite necesitar a nadie. Y aunque se preocupe por los demás y se entregue a *ellos*, está desconectado de sus propias necesidades. Está dando —a veces muchísimo— pero no está recibiendo suficiente. Es fácil ayudar a los demás, pero es difícil dejar que los demás le ayuden, sobre todo emocionalmente.

A veces, esta es la vía por la que alguien accede al liderazgo: un niño es emprendedor, el héroe de la familia, o alguien que cuida de otros; la persona en la que todos dependen. No podría decirle con cuántos altos ejecutivos he trabajado que han sido los hermanos de alto rendimiento que aprendieron temprano a hacer lo que otros no hacían. A muy corta edad se convirtieron en las personas de las que dependían los demás, no las personas que dependían de otros. Sin embargo, cuando llevaron ese estilo de interacción a la *suite* ejecutiva, al matrimonio, o a otras relaciones importantes donde la prosperidad depende de la interdependencia mutua, surgieron los problemas. Ellos están siempre haciendo algo, actuando para otros, viendo que todo se haga y muy raramente pensando en lo que ellos mismos necesitan del mundo exterior.

Peor que eso, los roles de liderazgo pueden llevar a alguien a la Primera Esquina. ¿Cuántas veces hemos oído que se está solo en la cima? Muchos líderes se sienten solos, pero no tiene que ser así y los mejores líderes crean las condiciones que les ayudan a evitar esa Primera Esquina. Sin duda, algunos aspectos del liderazgo requieren que se tomen decisiones difíciles. Sin embargo, el liderazgo no tiene que ser solitario ni aislado. Cuando es así, algo anda mal y necesita reparación.

Recientemente, una alta ejecutiva me llamó porque estaba pasando por algunas dificultades extremas; más serias que las que la mayoría de los líderes tienen que atravesar. Le pregunté qué opinaba su junta de directores.

—¿Qué? —me respondió—. No les he dicho nada de esto.

—¿Por qué no? —le pregunté. Yo estaba al tanto del afecto y el respeto que los miembros de la junta le tenían y, aún más importante que eso, estaba consciente del apoyo, las conexiones y del asesoramiento que podrían ofrecerle.

—No puedo permitir que me vean en este estado de vulnerabilidad —me dijo—. No puedo pedirles ayuda en estas condiciones.

—De nuevo —insistí—. ¿Por qué no?

—Porque ellos me ven como el líder —me respondió—. Me ven como la persona que tiene que hacer que todo funcione, y sé que puedo hacerlo. Pero no puedo dejarles saber lo difícil que se me está haciendo.

—¿Está bromeando? —le dije—. Si no puede confiar en ellos, entonces ellos no son una junta de directores. Debería despedirlos. Si su directora ejecutiva está atravesando por algo difícil, sobre todo ellos deben saberlo y estar a su lado en esto. Sé que lo harán. No la ven a usted como la Mujer Maravilla, sino como su ejecutiva. Y usted está haciendo un gran trabajo y seguirá haciéndolo. Pero en esta situación necesita su ayuda y apoyo. ¡Y la necesita especialmente para seguir haciendo un gran trabajo! Esto es parte de la supervisión de ellos como junta.

Finalmente logré que me entendiera y le contó a su junta lo que estaba pasando. Y ese paso cambió todo. La junta se puso de su lado y la sacaron de la mortal Primera Esquina.

Sin embargo, como todos sabemos, a veces no es conveniente, ni adecuado, ni estratégico poner todas las cartas sobre la mesa. No hace falta decir que muchas veces el lugar de trabajo es un campo altamente competitivo en el que las personas operan movidas por intereses egoístas y motivos mixtos. Pero esa es una razón más para encontrar un lugar donde se puedan obtener las conexiones que todos buscamos.

Si usted no puede encontrar conexión en un aspecto de su vida, aunque solo sea temporalmente, entonces más razón aun para buscarla en otras relaciones de apoyo. Si se encuentra en una situación donde *en ningún lado* usted puede ser vulnerable, si en ningún lado se puede conectar con una red de personas que le ofrezcan energía, apoyo y alivio, entonces algo anda terriblemente mal. El liderazgo, la vergüenza, el miedo, la presión o el hábito le han acorralado en una esquina en la que no puede prosperar y, en última instancia, tal vez fracase.

Mientras estaba escribiendo este libro, asistí a una reunión editorial y una persona dijo: «Recuerdo haber tenido a ese jefe. No podía ser auténtico con él… demasiado peligroso. Pero sabía que sobrevivir en ese ambiente significaba que mi mejor amigo en el trabajo y yo tendríamos que estar muy unidos para apoyarnos mutuamente y recordarnos que era nuestro jefe el que estaba mal y no nosotros. Nos ayudaría antes y después, si teníamos que hablar con él». Perfecto. Aun con personas insoportables, usted no puede permitir que lo conviertan en alguien que se encierra en sí mismo y termina refugiándose en la Primera Esquina. Pero ocurre con demasiada frecuencia.

Bill Hybels —fundador de Global Leadership Summit— y yo llevamos a cabo por varios años un retiro para líderes en el que reuníamos por un par de días un grupo de ejecutivos de alto rendimiento, tanto de empresas comerciales como de organizaciones sin fines de lucro, para entrenamiento. Era una excelente oportunidad para que los líderes escaparan, estuvieran con sus colegas y pensaran en diversas áreas de su liderazgo.

Le entregábamos a cada participante un cuestionario para recopilar datos sobre cómo funcionaban sus mundos de liderazgo. Algunas de las preguntas estaban concebidas específicamente para averiguar cuánta presión habían tenido para terminar aislándose en la Primera Esquina por el mero hecho de ser líderes. He aquí algunos hallazgos:

- **Primera pregunta:** ¿Tiene usted algún lugar donde pueda ser cien por ciento sincero y vulnerable sobre lo que está pasando como líder; donde puede ser totalmente sincero sobre sus luchas, conflictos, necesidades, debilidades, etc.?

- **Resultados:** El ochenta por ciento de los líderes dijo: «No. No tengo ningún lugar como ese».

- **Segunda pregunta:** ¿Tiene usted a alguien o a un grupo de personas que estén totalmente comprometidos con su crecimiento y bienestar como líder? ¿Es la función específica de esa relación solo el ayudarle a usted a desarrollarse?

- **Resultados:** El ochenta por ciento de los líderes dijo: «No. No tengo a nadie así».

Y ahora viene lo bueno:

- **Pregunta:** ¿Ha experimentado algo en el último año que podría decirse que ha alcanzado «proporciones clínicas?»: agotamiento, pérdida de energía, dificultad para motivarse, concentración o problemas de enfoque, ansiedad o estrés, depresión, alguna adicción u otro hábito, problemas de sueño, etc.

- **Resultados:** El ochenta por ciento de los líderes dijo: «Sí».

La vida y el liderazgo en la Primera Esquina tienen su precio. Estar en la Primera Esquina —la esquina de la desconexión—, *no* quiere decir que usted no sea una persona con don de gente. Tampoco significa necesariamente que usted no tenga gente en su vida o que no pueda ayudar a otros. Muchos en la Primera Esquina parecen ser personas con don de gente que están constantemente ayudando a otros. Lo que *sí* quiere decir es que todo procede de usted. Es posible que esté dando a otros y que tenga mucha gente a su alrededor pero que no esté conectado a ellos y que nadie lo esté con usted en el sentido más profundo en que los necesita. Esta es una receta para el agotamiento y la disminución o limitación del mejor rendimiento, y para el decaimiento o, lo que es peor, el descarrilamiento.

¿Quiere saber cómo le va si usted está en la Primera Esquina? Estos son los síntomas a tener en cuenta:

- **Clínicos:** Aumento del estrés; bajos niveles de energía, concentración y motivación; problemas para dormir; disminución de libido; aumento en el miedo y la ansiedad; aumento en sus niveles de sospecha, desconfianza y resentimiento; pérdida de la esperanza y del propósito.

- **Relacionales:** No se siente tan conectado a los demás como lo estuvo en el pasado, tanto en la familia, como en su vida personal. Más aislamiento, separación de las personas por las que más se preocupa, conflictos con los que están más cerca, mal genio, impaciencia, ira o simplemente no quiere involucrarse con otras personas ni estar cerca de ellas. Falta de interés en relacionarse con otros, en estar con la gente. Decepción con la relación misma, y una sensación de simplemente estar desconectado.

- **Rendimiento:** No obtener los resultados que necesita y la sensación de que esos resultados dependen solo de usted; sentirse incapaz de «alcanzar la cima», dilación, desorganización, falta de claridad sobre las metas, sentirse estancado por las tareas de otras personas que deben estar haciendo, falta de enfoque.

¿Algo de esto le resulta familiar? No suena muy divertido, ¿verdad?

SEGUNDA ESQUINA: UNA MALA CONEXIÓN

Estamos hechos para la conexión, ¿recuerda? El «chip» interior siempre está buscando, incluso si a veces tenemos miedo o no nos damos cuenta que lo hacemos. En algún momento, para muchos, la Primera Esquina da paso a la Segunda Esquina: *la mala conexión*. Es como si el chip de conexión calculara que una mala relación es mejor que no tener relación alguna. No es un movimiento consciente porque, ¿quién querría buscar una mala conexión? Pero parece que ocurre con mayor frecuencia de lo que estamos dispuestos a admitir.

La Segunda Esquina —la mala conexión— no es necesariamente una conexión con una persona mala o abusiva, aunque podría serlo. En lugar de eso, *es una conexión, una preocupación o un intento de alguien que tiene el efecto de hacerle sentir mal, de alguna manera, o que sienta que no es «lo suficientemente bueno»*. Inferior. Tal vez defectuoso. Como si algo estuviera mal en usted. De alguna manera esta persona o personas han llegado a tener suficiente influencia en su vida para hacer que se sienta mal.

Podría ser un jefe, un miembro de la junta, un cliente, un amigo, un familiar, o alguien que le informe directamente a usted.

Vienen en todos los tamaños, colores, formas y afiliaciones. Pero el ingrediente común es que *tienen el poder de hacer que usted se sienta mal*. Las altas expectativas, el perfeccionismo, las demandas poco razonables, un espíritu crítico, la retención de una alabanza, la vergüenza, la culpa, las humillaciones, el silencio, son solo algunas de las muchas maneras en que una persona como estas puede enganchar a alguien para que tenga la sensación de estar en la Segunda Esquina de la mala conexión.

¿Qué pasa entonces? Su liderazgo, energía, bienestar, enfoque y su pasión son desviados y reducidos. Empieza, entonces, a jugar a la defensiva, tratando de recuperarse. Usted intenta volver a estar a la par, a un lugar donde la otra persona se sienta bien otra vez con respecto a usted y usted pueda sentirse bien consigo mismo, y para lograrlo gasta enormes cantidades de tiempo preocupándose por ser lo suficientemente bueno a los ojos de esa persona. Hace poco oí comentar a un líder que preparaba un informe para una directora ejecutiva muy crítica: «Esto tal vez provoque una buena reacción de *ella*». Él siempre estaba tratando de llegar a una posición neutra o positiva con ella, ya que sentía que, en opinión de la ejecutiva, no era suficientemente bueno.

Le dije: «No siga tratando. Ella nunca ofrece buenas reacciones. Mientras siga esperando eso de ella, se sentirá miserable». Estar en la Segunda Esquina es una experiencia humana universal. Aun así, me ha sorprendido el gran número de personas con altos niveles de desempeño —algunos admirados en todo el mundo— que me han confesado que alguien tiene el poder de hacerles sentir que no son lo suficientemente buenos. Esto va desde deportistas hasta empresarios hasta artistas del mundo del entretenimiento; superestrellas auténticas que no pueden sacudirse la sensación de desaprobación y desagrado de esa persona en particular.

Tal vez usted ha estado en esta esquina en su propia vida. Quizás las cosas estén marchando bien o tal vez esté viviendo una época dura y difícil. Realmente no importa. Tiene más que ver con lo que una persona en particular piensa de usted que cómo van las cosas objetivamente. Tiene que ver con su desaprobación o crítica o falta de apoyo por algo que no va en la forma que ellos esperan: no es una crítica que ayude, sino más bien un tono crítico, un espíritu y una conexión.

No importa qué más esté pasando, si usted se encuentra en la Segunda Esquina, por alguna razón el chip en su interior se ha conectado a esta *red en particular*, una que es crítica en varios sentidos de la palabra, esta conexión con una persona que lo hace sentirse mal sobre sí mismo, o sobre su trabajo, o sobre su vida. La conexión produce ansiedad, miedo, sentido de culpa, vergüenza y sentimientos de no dar la talla o inferioridad. Produce noches de insomnio, obsesión por lo que esta persona o grupo de personas piensa de usted, repitiendo lo que hizo mal o pudo haber hecho mejor. Y así sucesivamente.

Además de hacerle sentir mal, probablemente el peor efecto de la Segunda Esquina es el efecto sobre su rendimiento y funcionamiento. Nadie puede tener un alto rendimiento mientras está ensimismado en una lucha de autoevaluación negativa. La Segunda Esquina aniquila el alto rendimiento por medio de la autoduda y la autodesaprobación. La persona se preocupa más por obtener la aprobación de alguien que del rendimiento en sí. En pocas palabras, cuando eso sucede, la persona se ha convertido en *menos ella*. En el intento de estar a la altura y conseguir la aprobación de alguien está jugando un juego defensivo en su forma más paralizante. Debería estar jugando y concentrándose en la jugada, pero en realidad se concentra en lo que otro piensa sobre su juego. No se puede tener una concentración dividida y, a la vez, lograr el mejor rendimiento. Eso es imposible.

Para Kevin, la mala conexión era su nuevo jefe. Durante varios años como presidente de la compañía, Kevin había hecho un buen trabajo. Todos los indicadores de rendimiento apuntaban hacia arriba. La junta estaba contenta con él. Estaba viviendo el mejor momento de su vida… hasta que todo cambió.

El director general de la compañía, a quien Kevin se reportaba, se jubiló y la junta tuvo que poner a otro en su lugar. Desde el principio, Kevin no contó con las simpatías del nuevo director general. Por razones desconocidas, este simplemente no parecía compartir los mismos sentimientos que los demás tenían acerca de Kevin y su rendimiento. Era como si estuviera conectado en forma diferente. No importaba cómo Kevin tratara de trabajar con él, la relación nunca despegó. La mayor parte de las interacciones del director general con Kevin tenían que ver con disgustos, críticas u órdenes de que se hicieran las cosas en forma diferente. No todo en la relación era negativo, pero no pasaba de tibia en los mejores días y casi nunca llegaba al nivel de alentadora.

Poco a poco el rendimiento de Kevin empezó a disminuir debido a la actitud del director general. Kevin pensaba mucho en la situación y se preguntaba insistentemente qué más podía hacer para que las cosas cambiaran. Cada vez que pensaba que había hecho algo que complacería al nuevo director general, se sentía frustrado por la respuesta que obtenía. Así fue como todo comenzó a irse a pique.

Kevin jugaba ahora a la defensiva. Ya no era el *mismo* que había sido. Había optado por la reacción. Comenzó a cuestionarse y a preocuparse por cada acción que emprendía. En una palabra, había perdido el carisma que caracteriza a los grandes líderes. Vivir en la Segunda Esquina, sentirse inferior por la valoración de otra persona, le estaba pasando la factura.

A veces ni siquiera se necesita a otra persona para experimentar esta sensación de no ser suficientemente bueno. Puede que usted no tenga una conexión primaria con alguien como el jefe de Kevin, sino con sus propias voces críticas *internas*. Ni siquiera hace falta tener un jefe u otra persona que lo lleve a la Segunda Esquina, puede llegar allí por sí mismo. ¡Incluso puede hacerlo en su coche conduciendo solo!

Eso sucede cuando la conexión primaria es con un juez interno que ha vivido dentro de su cabeza durante mucho tiempo; tal vez alguien de sus años formativos u otra persona importante en su pasado. El mensaje implantado por esa persona se convierte en el chip al que pareciera conectarse siempre, obteniendo una respuesta que lo deja sintiéndose no lo suficientemente bueno y jugando a la defensiva. Al compararse con algún estándar irreal e inexistente, usted siempre saldrá perdiendo.

No importa si una persona real o sus voces internas lo llevan a la Segunda Esquina, su rendimiento sufre las consecuecias. Usted comienza a ver los fracasos como algo personal. Cualquier mala acción o mal resultado se convierte en una afirmación de que usted no es lo suficientemente bueno. A medida que su confianza se desvanece, se va acomodando más en la Segunda Esquina.

CÓMO LUCE LA SEGUNDA ESQUINA

Si alguna vez ha visto una buena pelea de boxeo, sabe que hay un momento que todo el reconoce como el punto crucial. También sucede en otros deportes, pero es más evidente en el boxeo. Es ese momento cuando uno de los boxeadores intenta recuperar el equilibrio, cuando ya no tiene control de la pelea y trata de esquivar los puños en lugar de lanzarlos.

La visión de una persona, especialmente un líder, centrada en conseguir la aprobación de alguien, tratando de alcanzar el mejor desempeño con el fin de ser lo suficientemente bueno o «lograrlo» de alguna manera, tiene la misma apariencia y sentido. Otras personas se dan cuenta de que usted está tratando de evitar los golpes que le lanzan sin poder tirar los suyos.

Los miembros de un equipo, especialmente los miembros de un equipo ejecutivo, pierden el respeto hacia este tipo de líder y terminan desanimándose. A lo largo de los años, he tenido muchas conversaciones con miembros de equipos que han expresado esos sentimientos sobre su líder. «Me gustaría que ya no procurara que la gente lo quiera y simplemente hiciera su trabajo. Parece como si unas pocas personas hubieran usurpado su autoridad o, a lo menos, su influencia. Ellos tienen más poder que él... a pesar de que él ostenta la posición de liderazgo. Necesitamos que haga el esfuerzo y lidere».

Los líderes que juegan a la defensiva están a menudo en el plan de buscar aprobación, incluso cuando montan una nueva campaña de mercadeo o presentan un nuevo producto o exponen una nueva estrategia. *Se esfuerzan más por venderlo que por declararlo*. El verdadero rendimiento es una expresión, no un ruego para ser querido o alabado. Por lo general, cuando alguien está buscando aprobación es porque tiene muy poco qué aprobar.

TERCERA ESQUINA: LA SEDUCCIÓN FALSA DE UNA «BUENA CONEXIÓN»

Seamos sinceros. Nadie quiere sentirse aislado, solo o incompetente. Todos son sentimientos bastante desagradables, por lo que en algún punto, su chip de búsqueda de una conexión va a decir: «Ya basta. Quiero sentirme *bien*». Por lo tanto, busca algo para conectarse que lo haga sentir bien.

Mientras que una conexión en la Segunda Esquina lo hace sentir mal, o no lo suficientemente bien, en la Tercera Esquina ocurre todo lo contrario. ¡Usted se siente bien! ¡A veces realmente bien! Los sentimientos positivos toman una variedad de formas: la relación, la adicción, el apego a las promociones, premios o resultados positivos, la siguiente adquisición, el lanzamiento del próximo gran producto, los elogios de los demás. Comida, sexo, drogas… un nuevo Ferrari. Todo en un intento de calmar el alma. El problema es que los analgésicos realmente no curan la enfermedad. Solo alivian el dolor y le hacen sentir mejor temporal y superficialmente.

He visto a líderes adictos a las buenas noticias. Quieren oír solo sobre lo que marcha bien porque se siente bien. Quieren estar rodeados de empleados y miembros de la junta de directores que les digan que son fabulosos y que sus ideas son divinas. Adoran a los idólatras, el prestigio de su posición, los reconocimientos, los *jets* privados, y todos los otros beneficios.

Cuando trabajaba con un alto ejecutivo que se encontraba en la Tercera Esquina, vi este fenómeno más de una vez. Cada vez que enfrentaba un fracaso o un revés, no tardaba en formular una estrategia nueva y deslumbrante, o una campaña que capturara su energía. Su próximo objeto resplandeciente. Esto lo emocionaba al punto que olvidaba su más reciente desilusión. Una vez que su junta reconoció el patrón, tuvieron que detenerlo para evitar que se lanzara en otra nueva aventura. Sin embargo, para entonces sus escapadas de la Tercera Esquina les habían costado bastante dinero.

Para Jeremy, era su jefa de personal la que pensaba que él no podía equivocarse. Ella siempre lo defendía, lo alentaba y siempre también estaba de acuerdo con sus decisiones y la evaluación que hacía de las personas que estaban por encima de él y hacían algo mal. Si algo fallaba, le aseguraba que él no era culpable. Ella culpaba a los jefes, a la economía, a la industria, a los reguladores, a lo que fuera con tal de suavizar sus sentimientos de derrota. Y cuando las cosas iban bien, allí estaba para hacerlo sentir como la estrella que siempre quiso ser.

Lo inflaba y lo hacía sentirse mejor, sentirse «bien». Esa conexión lo protegía contra las cosas que no iban bien. El problema era que, como todas las conexiones de la Tercera Esquina, aquello no era real. Era adulación. Las cosas no iban tan bien como ella decía. Su jefa de personal lo estaba medicando contra la realidad.

Para los líderes que se encuentran en la Tercera Esquina, la adulación es quizás la peor de todas las drogas. Prosperan en ella y, por desgracia, su posición los coloca exactamente en el lugar ideal para los promotores de esta droga. Tienen el título que los hace sentir que la adulación en realidad significa algo, cuando en realidad están siendo controlados y manipulados por el adulador. Muchas personas piensan que su ascenso en la escalera del éxito consiste en halagar a sus líderes cuando en realidad esta es una trampa mortal para ambos, porque el líder a menudo es una droga de atracción extrafuerte y su efecto en términos de reducción es igualmente extrafuerte. En realidad, esto provoca que el líder dependa de la gente a la que debe dirigir. El líder «necesita» de la adulación para sentirse bien, y en ese punto, se vuelve incapaz de distinguir «quién es la garrapata y quién es el perro». La persona que está en la Tercera Esquina necesita más y más, ya que nunca es suficiente.

Sustancias, premios, reconocimientos, la aprobación de aduladores, fantasías sexuales, desenfreno en pasatiempos o materialismos, todos tienen el poder de hacernos sentir bien… por un minuto. Después de ese minuto, necesitamos otro arreglo. Otro buen reporte. Otro informe trimestral, otro registro de ventas. Los viejos problemas siguen, por lo que necesitamos otra dosis. Nada funciona realmente.

Como todas las formas de adicción, la necesidad de más se convierte en la razón de ser. Cada día es un esfuerzo por encontrar otra buena sensación sobre uno mismo o dentro de uno mismo.

CÓMO LUCE LA TERCERA ESQUINA

Las Esquinas Uno y Dos son depresivas; la Tercera Esquina permite buenos tiempos. Es divertida. Energética. A veces electrizante. La persona o líder que está en la Tercera Esquina está bajo los efectos de una endorfina. La champaña fluye chispeante; las felicitaciones son la orden del día. A veces, compañías enteras pueden quedar atrapadas en el entusiasmo. Hasta Enron luce bien por un momento. Y ciertamente una relación lisonjera se siente bien… por un rato.

Me he encontrado con muchos equipos de altos ejecutivos que desean que sus gerentes dejen de preocuparse del mundo exterior y que los miren a ellos, se conecten con ellos, se involucren con ellos y observen cómo ellos hacen su trabajo en lugar de que anden revoloteando por el país o por el mundo relacionándose con «personajes importantes» y asistiendo a eventos que «los hagan sentirse bien». Es cierto que parte del papel del líder es ser un portavoz público y un diplomático corporativo. Pero no es eso de lo que estamos hablando.

Hay ciertos líderes que dan la impresión a sus equipos que ser una celebridad, o al menos relacionarse con celebridades, es más importante que sus equipos y el trabajo real que deben ejecutar. La sensación de que el líder lo es todo no luce bien. La sensación de que todo gira alrededor del líder no sienta bien. La idea de que el líder no quiere escuchar ninguna mala noticia tampoco sienta bien. El líder —o el cónyuge, de hecho—, que no quiere escuchar críticas u opiniones contrarias a sus ideas termina perdiendo el respeto de los demás. La conexión es superficial, y el protegido luce desligado, superficial, y centrado en sí mismo.

El ser humano ha inventado mil maneras para automedicarse, pero todas son trampas de su propio diseño y llevan a la disminución de su productividad. Una ejecutiva con la que trabajé descubrió que su Tercera Esquina era la terapia de las compras. Cuando le expliqué el concepto de las Cuatro Esquinas me miró asombrada. Me llevó a una sala de almacenaje en su oficina y me mostró la evidencia: vestidos, zapatos, ropa, accesorios; todo adquirido en horas de trabajo. Cuando le pregunté sobre esto, me dijo: «Ahora lo veo. Es la Tercera Esquina. Cuando las cosas no están marchando bien o tengo un encuentro áspero con alguno de mis jefes, salgo de la oficina y me voy de compras. Hasta ahora, creía que era solo un paréntesis para alejarme de todo. Ahora lo veo… es la medicina. Es una conexión. Es… se detuvo por un minuto… una relación. Tengo una conexión con irme de compras».

Otro líder me dijo que era adicto al fantasy-fútbol. Todo lo que necesitaba era un poco de estrés, algo que lo hiciera sentirse decaído para pasar horas en su computadora perdiendo el tiempo.

Otro alto ejecutivo estaba retrasado para una cena-sesión que teníamos. Cuando llegó, me dijo:

—Tengo una confesión que hacerle.

—¿De qué se trata? —le pregunté.

—Tengo una adicción sexual… sobre todo pornografía en la Internet. He estado buscando ayuda en un grupo de apoyo. Por eso llegué tarde».

—¿Qué pasó? —le pregunté.

—Bueno, he descubierto algo. Una de las cosas que me provocan a esto es cuando una figura de autoridad, o un cliente, me critican. Cuando esto pasa, recurro a mi adicción para sentirme bien. Cuando venía en camino tuve que llamar a mi patrocinador. Mi jefe fue bastante duro conmigo hoy, y cuando salí de la oficina, sentí la tentación de hacer algo que me haría sentir bien, pero que lamentaría. Así que llamé a mi patrocinador y conversamos por un rato, hasta que la urgencia pasó. Por eso llegué tarde, y como parte de mi proceso de recuperación, tenía que ser sincero y contárselo a usted.

Lo que este ejecutivo había descubierto era que la Tercera Esquina había sido un lugar donde se sentía cómodo. Lo hacía sentirse bien cuando todo lo demás no marchaba tan bien. Pero aquello no duraba, y también estaba afectando su matrimonio y otras áreas de su vida.

El sexo, la comida, el buen vino, los pasatiempos, los premios, los buenos ingresos, las celebraciones, las ganancias, las diversiones, las relaciones y eventos emocionantes, los viajes exóticos, los productos… todos son los juguetes extraordinarios, divertidos y que levantan el ánimo. Y no hay nada malo en disfrutarlos. Sin embargo, nada de eso llenará su necesidad de «buscar una conexión». A la larga, el aroma del automóvil nuevo se disipará, los trofeos perderán su brillo y las nuevas amistades tan especiales dejarán de ser especiales.

Entonces, su chip interno le devuelve un mensaje que dice «seguimos buscando».

LA ROTONDA DE LAS TRES ESQUINAS

Me encanta conducir en Europa, por la experiencia de hacerlo en una rotonda. El truco está en salirse en el sitio correcto, o seguirá dando vueltas en círculos interminables. Tengo que admitirlo: me ha pasado más de lo que me gustaría. Pero es divertido y bastante inofensivo, si solo da un par de vueltas.

Sin embargo, es menos divertido dar vueltas en la Rotonda de las Tres Esquinas. Es posible que usted haya estado allí. Comienza en la Primera Esquina. Se siente un poco solo así es que empieza a buscar con la esperanza de encontrar algún tipo de apoyo o un sentido de compañía o de comunidad. Pero sin darse cuenta, se encuentra de pronto en la Segunda Esquina, integrado en algún tipo de conexión que termina haciendo que usted no se sienta suficientemente bueno. Ahora se siente mal, algo menos de lo que debería ser, culpable o alguna otra versión de la inferioridad.

Ya hemos hablado suficiente de esto, ¿cierto? Así que ha hecho algo para sentirse mejor. Nos paseamos por la Tercera Esquina, cualquiera sea su medicamento preferido. Se toma un refresco, siente un poco de alivio, y luego de un rato, cambia de dirección y regresa a la Segunda Esquina. Ahora se siente avergonzado y derrotado, y le cuesta trabajo admitir que cedió una vez más.

Así que regresa a la Primera Esquina, sintiéndose que no tiene ningún otro lugar al que pueda regresar. ¿Y entonces?

Bueno, podría volverse a la Tercera... y tomar otra dosis. Y en algún momento lo hace. Y así va, vueltas y vueltas y vueltas. Pasa por los mismos lugares una y otra vez, pero no puede de escapar ni encontrar la salida. ¿Puedo ir a otro lugar? Y si es así, ¿cómo se llega allí?

Veamos...

CAPÍTULO 4

VAMOS A LA CUARTA ESQUINA

Necesidad. Por un lado, es literalmente la esencia de lo que hace que la vida funcione. Al mismo tiempo, es un estado que no aceptamos con mucho agrado. Esa es la paradoja suprema en la vida de cada ser humano.

Piense en esto: en el nivel más fundamental y básico, ¿cómo se consiguen los suministros esenciales que hacen que la vida funcione, como el oxígeno, el agua y los alimentos? *Aceptando la necesidad de ellos.* El oxígeno, el agua y la comida no lo secuestran, ni lo atan ni lo obligan, invadiendo su cuerpo en contra de su voluntad. No entran a usted sin su permiso. Usted les da permiso para que entren en su sistema porque los necesita. Y al alinearse con esas necesidades y aceptando su necesidad de ellos, usted respira, bebe y come, tomando lo que el mundo exterior tiene para ofrecerle. Al hacerlo, usted crece y prospera. Toma del exterior lo que su sistema necesita, y su sistema metaboliza estas provisiones y desarrolla todas las estructuras vitales del sistema humano.

Lo mismo es cierto con las relaciones. Son tan esenciales como el oxígeno, el agua y los alimentos; sin embargo, a menudo evitamos internalizarlas, conformándonos con el aporte mínimo que las relaciones proveen. Con demasiada frecuencia nos quedamos atascados en la Rotonda de la Tercera Esquina, sin poder alcanzar lo que de verdad nos ayudará a prosperar. Evitamos aceptar nuestras necesidades de apoyo y la ayuda de unos a otros.

Los psicólogos llaman a esto el dilema del «miedo-necesidad». Le tememos a la vulnerabilidad que hace falta para reconocer nuestras necesidades, así que se quedan insatisfechas. Mientras más necesitamos algo de otras personas, más miedo nos da pedírselo. Tratamos de manejar esta necesidad de otras maneras. Nos quedamos en las tres primeras esquinas, y esto no trae buenos resultados y simplemente refuerza los límites. Tratamos de contener la respiración por un tiempo largo y terminamos jadeando por falta de aire relacional. La necesidad no desaparece. Solo se acrecienta y mientras aumenta, también lo hace el miedo a ser aun más vulnerables.

Afortunadamente, usted no tiene que aceptar la futilidad de la realidad de las tres esquinas. Hay una Cuarta Esquina; el lugar donde se realizan las conexiones reales. Pero, ¿cómo sabe usted si la conexión es real?

LO REAL

En los términos más simples, una conexión real es aquella en la que dos personas pueden ser totalmente ellas; una relación a la cual pueden llevar su corazón, mente, alma y pasión. Ambas partes están completamente presentes, conocidas, comprendidas y mutuamente comprometidas. Cada uno puede compartir en forma segura lo que realmente piensa, siente, cree, teme y necesita.

En los mejores equipos, sea en los negocios o en la guerra, esto es lo que sucede. Y en las mejores vidas también. No importa donde usted esté o qué obstáculos pudiera estar enfrentando, necesita sus conexiones con el fin de ganar. Ellas le ayudan a averiguar dónde se encuentra, a dónde tiene que ir, dónde están los verdaderos enemigos; le dan los refuerzos que necesita para ganar. Eso es lo que significa cuando alguien «le cubre las espaldas». Como un SEAL de la Marina cuyo paracaídas cae en territorio hostil, la conexión que viene de la Cuarta Esquina se deriva de tres preguntas:

- ¿Dónde estoy?

- ¿Dónde está el enemigo?

- ¿Dónde está mi amigo?

No importa cuáles sean las respuestas a las primeras dos preguntas, la manera de salir de una dificultad viene de responder a la tercera. Si usted está perdido, se puede conectar con su compañero y encontrar una salida. Si el enemigo está a punto de atraparlo y usted está rodeado sin posibilidad de salida, puede pedir refuerzo y su compañero lo librará del enemigo. Si no puede encontrar a su compañero, entonces está en aprietos. Es posible que no pueda escapar. En última instancia todo depende del otro. Los SEALS saben de esto, y se entrenan para estar siempre allí. Así debemos hacerlo nosotros.

LA MÁSCARA DE LA INAUTENTICIDAD

La idea del verdadero yo frente al falso yo es un viejo concepto en el campo de la psicología, y quiere decir exactamente lo que dice. El verdadero yo es quien usted es realmente, y el falso yo es la máscara que nos ponemos para protegernos.

Muchos ejecutivos y otro personal de alto rendimiento me han dicho que su desafío número uno es la tensión entre las dos versiones. Debido a su posición, no hay forma en que puedan quitarse la máscara. El ex primer ministro británico, Tony Blair, me dijo en una ocasión que uno de los aspectos más difíciles del liderazgo era «la cara». Cuando le pregunté qué quería decir, me dijo que el expresidente Bill Clinton le había dicho que todos los días, sin importar por lo que estuviera pasando ni cuán pésima fuera la situación, el líder tenía que poner «la cara»: cara de esperanza, de seguridad, de optimismo. La gente está mirando al líder, dijo, por todas esas cosas, y el líder debe proyectar confianza, sin importar dónde se encuentre interiormente. La cara pública del liderazgo va con el territorio. Y tiene razón. La gente necesita ver esperanza y una fuerte determinación en el rostro de sus líderes.

Está bien… siempre que usted sepa que es algo que está haciendo por un momento porque su gente lo necesita. Esto también tiene que ser real. Tiene que realmente creer en lo que está diciendo y no estar mintiendo de ninguna manera. Pero no quiere decir que no tenga *otros* sentimientos; sentimientos como miedo, desánimo o frustración que se esconden detrás del rostro en ese momento. La pregunta para el líder es la siguiente: ¿adónde puede ir *sin* la máscara? O, como lo pondría un SEAL de la Marina,

¿dónde está mi compañero cuando necesito hacerle saber que lo necesito?

Todos los grandes líderes tienen que dirigirse a sus seguidores —ya sean votantes, empleados o inversionistas— con la confianza y el valor de sus convicciones, pero esos mismos líderes necesitan un lugar seguro donde puedan sanar sus heridas, recuperarse, bajar la guardia y ser reales.

Muchos líderes piensan que estas dos caras del liderazgo son incompatibles, pero, como ya hemos visto, la búsqueda de una conexión nunca termina. Todos necesitamos a un compañero; todos debemos poder expresar nuestras necesidades y saber que van a ser escuchadas y suplidas, que seremos aliviados.

Una organización profesional que pone esta idea en la práctica es la Young President's Organization (YPO). Esta organización ubica a sus miembros en el mismo nivel y participan en grupos de aprendizaje a los que llaman foros. A menudo, estos foros se llevan a cabo una vez al mes, durante todo un día. Un alto ejecutivo me comentó: «Estos foros me han salvado la vida y la de mi negocio más de una vez. Es el único lugar donde puedo ser *real* [de nuevo la palabrita] y donde los demás pueden conocerme como realmente soy. Y ese grupo está allí para mí. Los demás miembros me ayudan cuando lo necesito. Lo valoro más que cualquiera otra actividad en la que estoy involucrado». Luego comenzó a enumerarme las veces que a lo largo de los años el grupo le ha ayudado a resolver problemas; problemas de negocios, de relación, asuntos personales, y ha sido el grupo de amigos que le ha ayudado a pasar los momentos más difíciles de su vida profesional y personal.

Como él mismo dijo: «Nadie allí ha invertido en mis resultados otra cosa que no sea su preocupación por mí y su deseo de que pueda salir adelante. Por lo tanto, ellos no tienen otra agenda que estar allí para mí, y ayudarme, y yo soy libre de traerles a ellos mis necesidades».

Este es solo un ejemplo del poder de las conexiones de la Cuarta Esquina. Vamos ahora a echar un vistazo a la situación opuesta, en la que una falta de amigos cobró un muy alto precio.

DESCORAZONADO

Liam era un renombrado cirujano cardiólogo, director de un famoso sistema médico. Había recibido premios y reconocimientos del mundo de la medicina como líder innovador, y de la comunidad empresarial por su habilidad para hacer rentables los sistemas de atención de salud.

Me llamó cuando estaba en lo más alto de su carrera. «Necesito hablar con usted», me dijo. «Tengo un problema».

Hicimos los arreglos que le permitió volar a Los Ángeles donde nos reunimos y me contó una dolorosa historia.

«He cometido algunos errores serios», me dijo. «Errores que pueden arruinar todo y necesito solucionarlo».

En seguida me contó sobre un comportamiento tipo Tercera Esquina que incluía varios romances extramaritales sostenidos durante varios años, con enfermeras, personal del hospital, y otros. Su esposa lo había descubierto recientemente, así como las juntas de directores de dos de los sistemas médicos que dirigía. Demás está decir que los efectos fueron peores a los de un tsunami.

Su esposa lo dejó. Sus vínculos con el hospital y los inversores se vieron amenazados. Sus socios tuvieron que enfrentar serios asuntos con el departamento de personal, por no decir más. Sus cuatro hijos se sentían heridos y desilusionados. Los daños seguían acumulándose, tanto en lo personal como en los negocios.

No es de extrañar que, personalmente, estuviera devastado. Incluso antes de que se descubriera todo, había estado en el infierno, viviendo dos vidas: una, de líder en su campo y en la comunidad y, otra, de un deshonesto y mentiroso. Como él mismo dijo: «Me alegro de que todo saliera a la luz, incluso de manera tan dolorosa porque esta situación me estaba matando». (De hecho, su hija mayor y su marido lo habían sorprendido en una mentira, sintieron curiosidad, siguieron su coche y lo encontraron con una mujer).

Esto nos lleva al punto central de esta historia.

—Decidí verle —me dijo—, para pedirle su opinión acerca de mi plan. Quiero revertirlo todo, salvar mi matrimonio, y de veras cambiar. Para eso, he hecho algunos compromisos serios y puesto algunas cosas en el lugar que creo que van a ayudar, y quiero que me diga lo que piensa al respecto.

Estaba muy esperanzado. Me dijo que su esposa estaba dispuesta a intentarlo si él realmente cambiaba su comportamiento.

De lo contrario, ahí terminaba todo. *Hasta aquí parece bien*, pensé.

—¿Cuál es su plan? —le pregunté entonces.

—Bueno, me he comprometido con Susan a ser un mejor esposo y preocuparme más por sus necesidades —comenzó diciendo—. Ahora puedo ver cómo tiendo a desconectarme cuando no estoy trabajando… hay mucho estrés en lo que hago. A veces ignoro las necesidades emocionales que ella tiene y ya no voy a hacerlo.

Me describió la increíble tensión que sentía al hacer cirugías de alto riesgo: «Es *tan* fácil matar a mis pacientes», me soltó. «La cantidad de estrés con que vivo es una locura… pero es la naturaleza de mi trabajo. Tengo que ser extremadamente cuidadoso y correcto. Todo el tiempo».

Admitió que cuando llegaba a su casa del trabajo, lo único que quería era un par de martinis y descansar. Pero ahora se proponía cambiar las cosas. «Estoy comprometido a ser un mejor compañero. Cada noche vamos a salir a caminar y a cenar juntos. Me voy a preocupar de escucharla. Además, he aceptado ir a un consejero matrimonial para tratar de aprender a ser lo que ella necesita y trabajar en nuestra relación. Para hacer las cosas mejor».

Describió otros aspectos de su ambicioso plan, que incluían lecturas espirituales cada día, comer mejor, hacer más ejercicio, y cambiar otros aspectos de su estilo de vida. «Pero mayormente», añadió, «todo está centrado en ser un mejor esposo, en asegurarme de darle lo que necesita y que hasta ahora he ignorado. Tengo una lista de cosas que me he comprometido a hacer por ella y estoy viviendo para eso».

Mientras lo escuchaba, iba pensando que todo aquello eran realmente maravillosos elementos de una vida bien vivida: cercanía con su cónyuge, disciplina espiritual, una vida sana, consejería matrimonial, diligencia en su compromiso con ella, y el resto… pero me sentía más y más deprimido. No porque él no necesitara hacer todos aquellos cambios. Sí los necesitaba. Me sentía deprimido por otra sencilla razón: *el plan iba a fracasar.* Garantizado, tan cierto como que estábamos sentados allí, el uno enfrente del otro.

Sentía tristeza por él mientras me hablaba de su plan, y me sentía triste por ella debido al próximo desastre que se avecinaba.

—¿Qué le parece? —me preguntó.

—¿Quiere la verdad?

—Por supuesto.

—Para usar su propio lenguaje, creo que se encamina a otro ataque al corazón.

—¿Qué quiere decir? —me preguntó, sorprendido.

—Es muy probable que usted haya tenido esta misma clase de conversación con cientos de sus pacientes. Sufren un ataque al corazón, pero no atienden los asuntos de su estilo de vida que causaron la enfermedad cardíaca, y usted sabe que les va a ocurrir de nuevo. Es solo cuestión de tiempo.

—Pero estoy haciendo muchísimos cambios —replicó—. ¡Muchísimos!

—Lo sé… y es lo que me asusta. Los cambios que está haciendo van a empeorar la enfermedad, no a mejorarla. Van a hacer más grande el problema, no lo van a solucionar.

—¿Cómo? —me preguntó.

—Todas las estrategias que me ha mencionado implican una mayor *participación* suya. Más dar. Más disciplina. Más sujeción a lo que es correcto. Más esfuerzo. Más servicio y más sacrificio. *Todo esto depende de usted, y no va a funcionar.*

—Pero… ¿por qué? ¡Es lo que tengo que hacer para que todo cambie!

Me armé de paciencia y le expliqué que, aunque su lista se enfocaba en los problemas en su matrimonio, no resolverían el problema subyacente que era el que, en primer lugar, había provocado su comportamiento sexual.

—Si sigue con su plan —le advertí—. Va a volver a lo mismo. Se lo aseguro.

—¿Pero por qué? Me he comprometido realmente a no volverlo a hacer.

Le creí. Pero este es el problema fundamental con este enfoque: todo el plan dependía de su desempeño y resultado. Y así se lo hice ver.

—En pocas palabras, depende de *su fuerza* para hacer que el plan funcione. Está basado en *su* capacidad. *Su* desempeño. Y ese es el problema. Usted ha estado actuando impulsado por *sus* necesidades, *sus* debilidades y *sus* vulnerabilidades. Y esas necesidades, debilidades y vulnerabilidades siguen con usted. No se han ido. Y esta estrategia no hace nada para satisfacer esas necesidades, fortalecer esas debilidades y ayudar en esas áreas en su alma donde usted se siente vulnerable —le dije.

Le expliqué que nada en su plan sugería cómo recibiría algún tipo de ayuda para *sus* necesidades o satisfacerlas de alguna manera. Todo el plan hablaba de expresar fuerza y nada sobre *desarrollar* fuerzas. Era como si un coche se quedara sin gasolina, y el remedio fuera darse a sí mismo gasolina para que funcionara mejor.

Los problemas de Liam no habían sido causados por sus fortalezas, sino por sus debilidades, sus vulnerabilidades y sus necesidades insatisfechas. Sospechaba que si mirábamos atrás, a su historia personal, encontraríamos una larga lista de estrellas de oro, condecoraciones y medallas al mérito. Y todo eso es bueno. Pero dudo que encontráramos muchos ejemplos de la vulnerabilidad de Liam y de su dependencia de otros para conseguir fortaleza, estímulo o apoyo.

—El único estímulo que probablemente usted recibe —sugerí—, son los premios y trofeos por su buen desempeño.

Liam hizo un movimiento con la cabeza en señal de asentimiento y aproveché para decirle que el estímulo real viene cuando uno se siente desanimado, débil o decaído y necesita *ayuda de otra persona*. En ausencia de eso, Liam había salido en busca de alivio y conexión en todos los lugares equivocados; en los brazos de una gran cantidad de mujeres.

—Allí era donde realmente podía bajar la guardia —le expliqué— y alguien estaba allí solo para usted. Sin exigirle nada, solo para ofrecerle placer; justo lo opuesto a su día habitual de catorce horas, cuando usted tiene que estar presente para todo el mundo.

Él apenas me miró. Silencio. La vista fija a la distancia… sin palabras. Me sorprendió lo asombrado que se veía.

Así que le pregunté:

—¿Recuerda haber necesitado o dependido de alguien alguna vez?

Y aquí todo se puso muy interesante. Por un momento dirigió su mirada al espacio y luego dijo que ciertas experiencias y recuerdos le habían aflorado a la memoria.

—Me acabo de acordar de algo que tal vez tenga algo que ver con lo que me ha estado hablando —dijo.

—¿Qué recordó?

—Esto le va a sonar raro, pero puede ser lo que está tratando de averiguar. Cuando yo tenía unos dieciséis años, mi padre, que era alcohólico, había llegado a un punto en que necesitaba un tratamiento para rehabilitación. Era algo que siempre había estado rondándonos, pero nadie hablaba de ello. Finalmente, tuvo que entrar en un centro de rehabilitación. Fue como si hubiese ocurrido algo grande y siniestro.

»Entonces, mientras mi padre estaba allí, mi madre tuvo una

crisis nerviosa y tuvieron que hospitalizarla. Nos dijeron que estaría internada por un largo tiempo. Yo tenía dos hermanas y dos hermanos menores. Aquella noche, sin mis padres allí, salí al patio y mirando al cielo me pregunté cómo manejaría la situación a partir de ese momento. Lo recuerdo como si fuera ayer. Estaba pensando casi en voz alta. Creo que hasta dije: "¿No hay alguien en quien pueda depender? ¿Voy a tener que enfrentarlo todo yo solo?".

Liam se dio cuenta que así había vivido desde entonces: había cuidado de sus hermanos y de todo el mundo; había estudiado con empeño en la universidad, y luego en su entrenamiento de ocho años para ser un cirujano cardíaco, sin haber pronunciado ni una sola queja. Todo había sido dar.

Le sugerí que lo que me estaba describiendo sonaba muy parecido a lo que ocurre cuando el corazón humano deja de funcionar; un ejemplo que, sin duda, entendería.

—Muy bien —dije—. Pruebe esta analogía. ¿Acaso el corazón humano no tiene cuatro conductos? ¿Dos de entrada y dos de salida?

—Algo así… pero siga adelante.

—Bien, digamos que es como si usted tuviera dos arterias obstruidas. Siempre bombeando hacia fuera, dando y dando, pero nada entrando, nunca recibiendo —le expliqué. Le estaba tratando de enseñarle a uno de los cirujanos cardiacos más prominentes en su especialidad cómo funcionaba su corazón metafórico.

—Todo en su vida —proseguí—, es desempeño; dando constantemente, sin recibir nunca nada de lo que se necesita para prosperar. En algún momento, *algo* tiene que ceder. Usted comienza a buscar la manera de satisfacer esas necesidades y recibir algo. Necesita alivio, cuidados. Y usted encontró una manera bastante buena. Algo en lo que muchos ejecutivos de alto rendimiento han dependido por años: el sexo. Y funciona, por un tiempo. El problema es que nunca es suficiente para satisfacer esas necesidades emocionales insatisfechas, solo las necesidades sexuales. Siempre necesita más, como una droga. Y el otro problema es que ahora tiene consecuencias reales para su vida, su matrimonio, su carrera, todo lo que es importante para usted.

Liam se había metido en problemas ignorando su necesidad de ayuda externa —ayuda de otros— y ahora, para solucionarlo, había elaborado un programa para su matrimonio y su salud que otra vez se apoyaba y dependía únicamente de sus propias fuerzas. «Usted tiene que venir con una respuesta que es en realidad el problema en sí: todo depende de usted. Está de vuelta a aquella noche en la escuela secundaria».

—Entonces… ¿cuál es su plan? —me preguntó.

Le propuse que buscara ayuda externa, así como cuando las personas no pueden arreglar sus propios males del corazón, que llaman a un experto. Ellos no lo pueden hacer solos.

—Mírelo de esta manera. ¿Cómo llegó usted a ser un gran cirujano? ¿Por usted mismo? No. Usted se hizo vulnerable y fue a otros por ayuda. Ellos le impartieron sus conocimientos, su experiencia. Fueron un modelo para usted. Le enseñaron. Le corrigieron cuando cometió errores. Cuando a usted le pareció que no podría hacer una semana más de residencia con múltiples cirugías a toda hora del día, ellos vinieron y lo animaron. Cuando usted perdió a su primer paciente ellos se pusieron junto a usted para superar esa pérdida. Cuando necesitó aprender las nuevas técnicas o manejar nuevos equipos o protocolos de tratamiento, alguien vino para ayudarle. La verdad es que usted es lo que es, alguien altamente exitoso en esa esfera porque el poder de otros le ha ayudado a llegar allí. Pero en esas áreas fue mucho más fácil para usted mostrar vulnerabilidad. Nadie espera que un residente de primer año sepa cómo hacer un trasplante de corazón. Era más fácil que usted pidiera ayuda. Y estoy seguro de que sus pacientes están contentos de que usted no sea un cirujano que se hizo solo. Usted aprendió de los mejores. Ahora solo tiene que encontrar la manera de hacer eso mismo en los otros aspectos de su vida, y no pensar que es un ser humano que se ha hecho por sí mismo.

UN PLAN DIFERENTE

Un año más tarde, el doctor y yo nos volvimos a encontrar. La primera vez que nos vimos, le había expuesto un plan muy diferente al suyo; un plan que se enfocaba en establecer las conexiones de la Cuarta Esquina y él lo había seguido con entusiasmo. Como resultado, Liam pudo recuperar la salud de su carrera y de su matrimonio. Se había unido a SAA (Adictos al Sexo Anónimos, por sus siglas en inglés), así como a un grupo de apoyo para personas de alto desempeño; también estaba recibiendo apoyo individual y estaba asistiendo a sesiones semanales de asesoría matrimonial con su esposa. Con su grupo de SAA, tenía un patrocinador al que podía llamar en cualquier momento y con quien se reunía a cenar una vez por semana.

Aquello era mucho, sobre todo para un cirujano con su nivel de responsabilidad. Pero me dijo: «Tengo que decirle que, mi vida entera es diferente. Hace un año, usted me dijo que mi plan no iba a funcionar. En aquel momento no tenía idea de lo que me estaba hablando, pero confié en lo que me dijo porque usted ha visto a muchas personas como yo a lo largo de los años. Fue la instancia que me llevó al gran momento de claridad: *Iba a tener que encontrar la recuperación en un modo distinto de pensamiento que me exigía enfrentar mis debilidades y vulnerabilidades, y buscar ayuda de otras personas*».

Liam me contó cómo, con la ayuda de expertos, se había dado cuenta de que había estado apoyándose en patrones de conducta que lo medicaban y que habían interferido en su trabajo, su matrimonio y su vida familiar. Al final, había tenido que rendirse al hecho de que tenía necesidades y que necesitaba a otras personas para que le ayudaran.

Al abrirse a otros y compartir sus miedos e inseguridades, se había dado cuenta de otra importante realidad: una gran cantidad de ejecutivos y profesionales importantes tenían los mismos problemas. «También aprendí de ellos al escucharlos… mientras compartían sus problemas, aprendí acerca de los míos, y lo que tenía que hacer. Escuchar sus historias fue de una gran ayuda para mí».

Otro aspecto importante de su recuperación fue comenzar a rendir cuentas. El saber que otros van a estar verificando cómo está marchando todo añade un recurso importante para el plan. Cuando tus luchas ya no son un secreto —un problema que solo tú estás manejando—, puedes encontrar soluciones y apoyo a través de las palabras de aliento de los demás. Liam lo resumió así: «El gran problema con personas como yo es que pensamos que somos gladiadores. Que podemos enfrentar lo que sea y nunca vamos a caer derrotados. Pero cuando se trata de nuestras necesidades, vulnerabilidades o debilidades, es cuando la mentalidad de gladiadores se queda corta. No podemos hacerlo solos». ¡Bingo!

ACCEDER A SUS NECESIDADES

La Cuarta Esquina es un lugar donde las personas tienen verdadera conexión, donde pueden ser auténticos; no copias, falsos o imitación como el diccionario define la palabra *auténtico*. Cuando podemos encontrar un lugar para ser auténticos, tenemos acceso a los recursos que hemos estado buscando. Finalmente, *el combustible y la satisfacción pueden alcanzar la necesidad.*

Un SEAL de la Marina necesita fuerzas que no tiene… hasta que ve a un compañero en la orilla dándole ánimo con un gesto con el puño cerrado.

Un destacado cirujano necesita reparación, recuperación y renovación… entonces encuentra sabiduría y apoyo en otros.

Michael Phelps necesitaba superar sus límites para ganar la mayor cantidad de medallas olímpicas en la historia… entonces encuentra a un entrenador en Bob Bowman.

Ya sea en los deportes, en los negocios o en las fuerzas armadas, es el poder del otro lo que siempre marca la diferencia. Cuando toca el tema del liderazgo en el capítulo 15 de su libro *El estilo virgen*, Richard Branson cita a Zig Ziglar, que dijo esto antes que la neurociencia pudiera explicar cómo funciona: «Muchísimas personas han llegado más lejos de lo que creían que podían llegar porque otra persona pensó que sí podían hacerlo». Al principio de su carrera en los negocios, Branson se cobijó bajo el ala de David Beevers, un mentor amigo de sus padres. Él pasaba una noche a la semana con Beevers recibiendo orientación en los negocios. Beevers incluso ayudó a Branson a aprender los fundamentos de la contabilidad financiera. ¿Qué habría ocurrido si el joven empresario no hubiese sido capaz de revelar su necesidad de ayuda? ¿Si no hubiese reconocido lo que no sabía? ¿Qué habría ocurrido si por miedo a ser vulnerable se hubiese aislado en la Primera Esquina? ¿O en la Segunda Esquina, tratando de probarse a sí mismo? ¿O en la Tercera Esquina, medicándose con sexo o con alguna sustancia? Virgin no existiría. En cambio, buscó fuerza genuinamente en la Cuarta Esquina.

En el proceso de establecer Virgin Airlines, Brandon acudió a Freddy Laker, un veterano en el negocio de las aerolíneas. Desde enseñarle cómo competir con gigantes tales como British Airways cuando no se tiene dinero (¡inténtalo!), a mostrarle cómo lanzar Virgin Atlantic «con cero de experiencia en la industria de la aviación comercial», Branson da todos los méritos a Laker como el mentor que le ayudó en su trabajo: «No habría logrado nada en la industria de la aviación comercial sin la sabiduría realista de Freddy».

Piense en esto:

- Henry Ford contó con Thomas Edison.

- Mark Zuckerberg fue asesorado por Steve Jobs.

- Bill Gates contó con Warren Buffet y con Ed Roberts.

- Jack Nicklaus contó con Jack Grout.

- Michael Jordan contó con Phil Jackson.

- Bill Hewlett y David Packard contaron con Frederick Terman.

- Sheryl Sandberg contó con Larry Summers

No existe tal cosa como un hombre o una mujer que se hayan hecho por sí mismos. Todos los grandes líderes han tenido a alguien que les ha ayudado a suplir sus necesidades, cualesquiera que hayan sido. El rango de necesidades humanas es amplísimo, pero *la forma de satisfacer esas necesidades es bastante estrecha*; implica aceptar la necesidad humilde y sinceramente, y buscar «el poder del otro». No hay otra forma.

En los más de veinticinco años que he estado trabajando con ejecutivos y gerentes, una característica destaca: los líderes con más logros, mayor prosperidad y que mejor superan las dificultades son aquellos que *no temen reconocer que necesitan ayuda*. La mayoría ha acudido a mí por voluntad propia —algo así como un autoreferido— a diferencia de los que sus jefes o las juntas de directores han mandado a buscar ayuda. Tanto los unos como los otros, por lo general se presentan con una agenda, con una lista de las cosas que quieren que se les ayude a alcanzar. Algunos dirigen compañías Fortune 25 y tienen que administrar miles y miles de millones de dólares. Sin embargo dicen: «Necesito ayuda con...». A menudo me impresiona su humildad. ¡Qué privilegiado soy al escuchar a un líder verdaderamente grande aceptar su vulnerabilidad y decir: «Necesito su ayuda con esto»! Me impresiona la belleza y el poder de su autenticidad. Es simple sinceridad sobre lo que uno necesita, incluso si esa persona es «grande» en tantas cosas.

Naturalmente, también me he reunido con la otra clase de líderes: los que no quieren estar allí para conseguir ayuda, que no pueden o no quieren aceptar que necesitan lo que no tienen. Estos tienen todas las respuestas. Como dicen a menudo: «Realmente no necesito ayuda, pero mi junta quiere que hable con usted». En el pasado, he hecho todo lo posible para convertir su resistencia en algún tipo de crecimiento y perspectiva... algo... *lo que sea*. Y eso tiene su valor; es un intento noble. Pero, en el fondo, me siento como Danny Glover en la película *Lethal Weapon*. Cuando a él y a Mel Gibson les están disparando, dice: «¡Ya estoy demasiado viejo para estas cosas!». Tratar de pensar en maneras de conseguir que alguien vea su necesidad de ayuda es algo que no quiero hacer más. Quiero invertir mi tiempo con aquellos que sí lo desean. ¿Por qué? Porque son los únicos que van a crecer, que van a mejorar. Y aquí está el verdadero aprendizaje: ¡ellos, de todos modos, siguen siendo los mejores! Los ejecutivos más grandes y mejores son los humildes, los que saben lo que necesitan y lo expresan libremente.

Este es uno de los mayores problemas con las juntas de directores y a veces con los equipos ejecutivos. En ocasiones, un líder «monta» una junta o un equipo de aduladores (de «sí, señor, lo que usted diga»). Ellos respaldan completamente a su líder, y eso es bueno, pero la ecuación está desconectada. *El líder no puede humillarse para recibir ayuda, y la junta no se atreve a decirle que la necesita*. ¡El emperador está desnudo y nadie se lo dice!

Pero también están las superestrellas de verdad, aquellos que tienen un enorme talento y un cerebro que les permite darse cuenta de que no poseen todo lo que necesitan para hacer las cosas grandes, pero que todo eso que necesitan para hacerlas

existe en otros. Así es que *piden*. *Necesitan*. Se abrazan a su necesidad, y se conectan desde un lugar auténtico, vulnerable. Y
crecen. Y aprenden. Y prosperan. Me encanta trabajar con esa
clase de personas.

Sea uno de esos, sin importar dónde se encuentre. Sea humilde. Diríjase a la Cuarta Esquina y busque a alguien que pueda
satisfacer la necesidad que usted tiene. Ya sea para buscar apoyo
emocional, valor, sabiduría, experiencia, o simplemente compa-
ñerismo, vaya a la Cuarta Esquina… ¡y quédese allí!

CAPÍTULO 5

EL COMBUSTIBLE PARA UN ALTO RENDIMIENTO

¿Alguna vez ha recibido una de esas sorpresas que hacen que su mundo se tambalee? ¿Cuando descubre que todo lo que pensaba era incorrecto, y que la realidad es lo contrario de lo que usted creía que era? Si usted ha estado en el mundo de los negocios por mucho tiempo, es probable que le haya pasado. No son nada de divertidas. Un amigo, por ejemplo, compró una cadena de locales para venta de hamburguesas en otra parte del país, y luego decidió ir a visitar algunos de ellos. Encontró que muchos de ellos estaban cayéndose y en mal estado, nada como lo que había pensado que había comprado.

Yo también tuve una de esas experiencias y fue uno de los peores días de mi vida empresarial. Era dueño de una empresa en la que había depositado grandes esperanzas y había contratado a alguien para que la manejara. Ya había atendido algunos detalles, había conseguido grandes activos, y pensé que estábamos listos para la pelea. La persona que había puesto a cargo había llegado a través de una referencia; sus antecedentes y experiencia eran exactamente lo que pensaba que la empresa necesitaba para ir al siguiente nivel. Era un tiempo emocionante... hasta que dejó de serlo.

Era principios de diciembre cuando se presentó en mi oficina pidiéndome que de inmediato depositara una gran cantidad de dinero para pagar a los empleados y cubrir otros gastos de la compañía. ¡No podía creer lo que estaba escuchando! Desde hacía varios meses este administrador me había estado presentando informes con las proyecciones que indicaban que para el final del año habríamos hecho un montón de dinero y que no habría desembolsos de efectivo. Estaba listo para recibir un gran cheque y ahora él me decía que si queríamos mantenernos a flote yo tendría que escribirle uno.

Mi primer pensamiento —aunque en aquel negocio en particular no veía cómo podía ser posible—, era que teníamos una gran cantidad de cuentas por cobrar y él estaba solo en una crisis de flujo de caja. Obviamente él necesitaba algo de financiamiento a corto plazo hasta que el dinero entrara. Simplemente tenía que conocer los hechos un poco más, y luego recibiría mis ganancias.

Pero —y esta clase de historias siempre tienen un *pero*— después de pasar el resto del día examinando todo el cuadro, me di cuenta de que había estado parado sobre arenas movedizas. No solo había muy pocas cuentas por cobrar, sino que los ingresos eran igualmente muy escasos. Prácticamente, de *todas* las reservas que mi administrador había dicho que habría para el año siguiente, no había nada. Todo eran planes. Muy poco por escrito. Ni depósitos ni confirmaciones. Era el negocio en el que había estado trabajando, pero que en verdad no existía. Y entonces, vino la peor de las malas noticias: *tampoco había ganancias en el año que estaba terminando.* Él había estado operando con pérdidas, y teníamos deudas importantes con varios de nuestros proveedores y vendedores. Era el peor escenario posible: con el agua al cuello financieramente, nada en cartera y una alta tasa de riesgo para el futuro. Yo estaba en estado de choque.

Pero no solo estaba realmente afligido por la empresa; también estaba personalmente devastado. Me sentía como un perfecto idiota. No podía creer que hubiera cometido tan grande torpeza. Había contratado a alguien sin haber hecho todas las indagaciones necesarias. Me había conformado con la palabra de algunos amigos y no le había dado mayor importancia a su currículo. Debí haber hablado con más personas. Cuanto más pensaba en ello, más reconocía que el contexto en el que esta persona había logrado su éxito previo era muy diferente al que le había asignado en mi empresa, así que algunos de los factores que lo habían hecho exitoso antes no estaban presentes ahora. Debí haberlo visto.

Peor aún, también había ignorado ciertos instintos que había tenido acerca de él. Los había pasado por alto, pensando que iba a ser capaz de hacer lo que tenía que hacer, como lo decía su currículo, aunque en mi interior sentía que no debía estar tan seguro. Y probablemente lo peor de todo, no me había inmiscuido lo suficiente en las operaciones de la empresa y había sido un propietario ausente.

Me sentí muy mal. Miré el lío que había creado y me sentí horrible y, peor aún, me sentí descorazonado respecto del futuro. Necesitaría bastante tiempo para salir de aquel atolladero y no estaba seguro si lograría salvar la empresa. Todo lo que podía pensar era *¡Qué idiota he sido! ¿Cómo pude dejar que esto ocurriera?*

Entonces todo se complicó aún más. Aquella noche estaba en casa, dando vueltas en el patio, tratando de encontrar algo de tranquilidad cuando sonó el teléfono. No tenía ninguna gana de contestar, pero, en medio de la crisis, pensé que sería mejor saber quién llamaba.

Esto ocurrió antes de los identificadores de llamadas, de modo que para saber quién llamaba era necesario contestar. Cuando lo hice, lo lamenté automáticamente, pues reconocí la voz de quien me llamaba.

«¿Todo bien por ahí?», me preguntó mi amigo.

Era mi mentor principal en asuntos de negocios en aquel momento; una de las personas con más influencia en mi vida. Después de graduarme de la universidad, él me había tomado bajo sus alas y me había enseñado más sobre negocios que lo que podría haber aprendido con tres maestrías en administración de empresas. Él había tenido mucho éxito en varias industrias, desde las finanzas al entretenimiento a bienes raíces a alta tecnología. Para mí, lo había hecho todo y todo lo había hecho bien.

Mi corazón casi se detuvo. Aquí estaba yo, en medio del más grande fracaso que haya tenido jamás y justo, en ese momento, a Supermán se le ocurrió llamarme. ¿Por qué no me llamó un perdedor en lugar de alguien que parecía que todo lo había hecho bien? ¿Y por qué tenía que ser precisamente la persona que había invertido tanto tiempo y energía en mí, enseñándome cómo hacer las cosas bien? Me sentía avergonzado de estar donde estaba y, además, por tener que contárselo todo.

—Bueno… a la verdad que no todo está bien; es más, las cosas lucen realmente mal.

—¿Qué ocurre?

—¡He metido la pata hasta el cuello! —le dije, y procedí a contarle toda la historia.

Me escuchó en silencio. Cuando terminé de hablar, estaba listo para escuchar el peor regaño de mi vida, que bien merecido me lo tenía.

—Bueno, todos hemos cometido ese error.

¡Un momento!... ¿Qué me dijo? ¡No lo podía creer! ¿Dijo «todos»? ¿Él también?

—¿Quién? ¿Cuál error? —pregunté.

—Todos hemos cometido ese error —dijo—. Todos hemos contratado a la persona equivocada o hecho un trato con el socio equivocado, cuando deberíamos haber visto venir el problema. Y hemos tenido que pagar un alto precio por ello.

—¿*Usted* también? —le pregunté. No podía creer lo que estaba escuchando.

—Absolutamente —me dijo—. Cualquiera que haya levantado algo significativo ha cometido ese error. Y todos hemos tenido que aprender de ello.

A medida seguíamos conversando, y él me comprendía y se preocupaba, algo ocurrió en mí. Algo enorme. En el transcurso de unos pocos momentos. Algo que ni siquiera podría explicar. Pasarían años antes de que la neurociencia pudiera explicarlo.

Exteriormente, la situación seguía siendo tan sombría como era antes de la llamada. Pero interiormente, yo me *sentía* diferente. Algo se había aclarado en mi cabeza. Podía sentir la máquina de pensar echando a andar de nuevo. Una *energía* que no había sentido antes en la nube negra que había estado suspendida sobre mí. No sé cómo describirlo, aparte de decir que simplemente me sentía *diferente*. Era como cuando uno está muy, muy enfermo, la fiebre alta empieza a ceder y la medicina hace su efecto y, de repente, usted se siente casi recuperado. Era como una luz irrumpiendo a través de una tormenta oscura. ¿Qué había pasado?

Ahora sabemos por la ciencia que me estaba sintiendo «bien» gracias a la empatía mostrada por mi amigo, a su capacidad de conectarse conmigo y decirme que comprendía, que se identificaba conmigo, y que estaba *conmigo*. La química de mi cerebro estaba cambiando. Los efectos de las hormonas del estrés que habían estado interfiriendo con mi pensamiento estaban cediendo. Mi máquina de pensamiento crítico se estaba reabasteciendo de combustible con la clase de químicos (neurotransmisores, el combustible del cerebro) que yo necesitaba para arrancar de nuevo.

Emocionalmente, me sentí menos desanimado por varias razones. Entre ellas, fue una combinación de no sentirme como el único idiota en el planeta que cometería semejante estupidez, sino también porque podía ver un rayo de esperanza. La conversación con mi amigo me había mostrado que podía salir de ese lío, como lo había hecho él… y que podía esperar mejores días en el futuro. Físicamente también me sentí diferente. Podía sentir que mi energía retornaba y me preparaba para marchar adelante en la búsqueda de una respuesta.

Nada en la situación había cambiado. Excepto una cosa: me había conectado al poder del otro. Después de nuestra conversación, sentí que tenía la energía y la voluntad para luchar. Mi tanque estaba lleno.

Cuando establecemos una conexión con alguien podemos sentir cómo nuestra energía física y mental cambia; sin embargo, sigue siendo difícil entender cómo realmente ocurre esta transferencia de energía y capacidad. ¿Qué es exactamente ese «algo» que nos hace animarnos o desanimarnos? El doctor Siegel lo presenta así: «¿Qué es ese "algo" que en realidad está siendo regulado y compartido por el cuerpo y por nuestra comunicación relacional? La respuesta es: *energía*».

El doctor Siegel ha pasado años tratando de entender estos procesos. Entre otras cosas, el gran hallazgo es este:

La relación; es decir, la conexión entre las personas, no solo mejora nuestro funcionamiento mental, sino que en realidad trabaja para *impartirlo*, para *proveerlo*. La capacidad se desarrolla a través de la energía y la inteligencia. Me encanta la definición de energía que Siegel utiliza, tomando prestada una frase de los físicos. Es «la capacidad de hacer algo».

Y a propósito, realmente tenía que hacer algo para salvar mi negocio. Pero primero necesitaba recuperar algo de la capacidad que había perdido. Así como el SEAL de la Marina recuperó la capacidad para seguir nadando cuando mi cuñado Mark se conectó con él, yo recibí una infusión de energía similar de aquella llamada telefónica de mi amigo. Las habilidades de mi cuerpo, mi psique, mi yo emocional, y muchas otras partes de mí cambiaron como resultado de aquella llamada. Con esta nueva inyección de energía, fui capaz de superar aquel estado de abatimiento y de derrota, y pude empezar a hacer frente a la situación.

REABASTECIMIENTO

La energía derivada de las relaciones no es fácil de entender completamente, aun cuando se ha hecho evidente, a través de la experiencia práctica y de la neurociencia, que tiene efectos muy reales.

Una vez asistí a la final de *The Voice*, una competición de canto en la televisión. Estábamos todos sentados en el auditorio, esperando que comenzara la competición, cuando apareció en el escenario un muchacho que era una combinación de animador, comediante y lleno de entusiasmo. Nos puso a todos a aplaudir, a silbar y a gritar. El lugar se llenó de energía y se transformó. Al mismo tiempo, el productor caminaba por el escenario conectando e inspirando a todos.

Entonces, con un público derrochando energía, la música comenzó, salió Carson Daly y empezó el espectáculo. Para cuando los concursantes entraron en escena, la energía era palpable. (Si hubiésemos tenido el equipo adecuado, probablemente habríamos podido escanear el cerebro de los espectadores para ver los efectos). No tengo ninguna duda que aquello marcó una diferencia en la ejecución de los concursantes. La persona, o la banda, que anima al público cumple una importante función. Sus rutinas *no son* solo recursos de relleno, sino una fuente de combustible que afecta a los miembros de la audiencia y a los concursantes por igual.

Noel Tichy es un experto en liderazgo. Fue consultor de GE en los días de Jack Welch. En su libro *The Leadership Engine* (HarperCollins, 2009), escribió: «Todas las organizaciones tienen una energía inherente, ya que se componen de personas, y las personas tienen energía. Sin embargo, en las organizaciones ganadoras, las personas parecen tener más energía, y desde luego la utilizan de manera más productiva. Mientras los perdedores desperdician su energía en actividades negativas tales como la política interna y resistir a los cambios exigidos por el mercado, los ganadores usan la de ellos de manera positiva para superar problemas y afrontar nuevos retos. Lo hacen así porque sus principales líderes entienden que la energía positiva produce resultados positivos. Utilizan la energía, al igual que las ideas y los valores, como una herramienta competitiva».

Tichy apunta a un asunto importante. La provisión de combustible no siempre tiene que ver con una *acción* de alta energía, gritando a la gente, o haciéndola irritarse. Cuando me enfrenté a la crisis de mi propio negocio, por ejemplo, mi mentor no gritó en absoluto, ni tampoco trató de endulzar la situación. No dijo lo que mi padre, un veterano de la Segunda Guerra Mundial solía decirme: «Bueno, eso no es colina para un alpinista». En lugar de eso, se conectó conmigo donde yo estaba en ese momento, y el resultado fue una infusión de energía.

El verdadero combustible de rendimiento viene primero de la experiencia de conexión que está disponible solo en la Cuarta Esquina, donde usted experimenta que la otra persona que está *con* usted y *para* usted. Esto es lo que la neurociencia y los investigadores como el doctor Siegel han demostrado una y otra vez. En algunas situaciones, sin embargo, reabastecerse de combustible requiere algo más que escuchar en quietud y con entendimiento. A veces también debe haber acción orientada. Piénselo de esta manera: a veces, cuando a su automóvil se le descarga la batería, usted debe empujarlo para que arranque. Estos son los momentos cuando necesitamos una llamada de atención de las personas que realmente se preocupan por nosotros en nuestra Cuarta Esquina.

Muchas veces nos confundimos en este punto. Creemos que las relaciones reales y de apoyo genuino de la Cuarta Esquina solo operan en pensamientos agradables y son siempre «positivos». *Son* positivos en su intención y en cuanto a los resultados deseados, pero a menudo hay un *montón* de cosas negativas que hay que decir. Si hay algo que no entendemos o que no estamos haciendo bien, nuestros amigos de la Cuarta Esquina tienen que despertarnos y eso puede ser muy desagradable. Tienen que decir algunas cosas duras, difíciles de escuchar, pero al igual que el corte del bisturí del cirujano que salva una vida, un mensaje duro pero amable también puede salvar nuestras vidas. Necesitamos esos empujones para arrancar y alcanzar nuestro siguiente nivel.

Hace poco participé en una reunión de un equipo ejecutivo donde habíamos discutido las Cuatro Esquinas. Después de entender este punto, el director de mercadeo dijo: «Todos los que estamos aquí estamos en la Cuarta Esquina, ¿verdad? Así que tengo algo que decir sobre la manera en que hemos estado mirando este proyecto». Luego, empezó a decir algunas cosas bastante duras de oír para algunos, pero todo salió bien. Les ayudó el que acababan de hablar de esto: que en la Cuarta Esquina nos preocupamos el uno del otro *y* decimos la verdad. Lo tomamos de manera constructiva, no personal. Y es algo muy poderoso cuando todos entienden que alguien que está en la Cuarta Esquina nos dice la verdad con un sentido genuino de preocupación.

LA INFORMACIÓN Y EL APRENDIZAJE PRODUCEN ENERGÍA

Otra manera de traer energía renovada a su sistema es mediante la recopilación de nueva información. Esto a menudo se presenta en forma de una nueva conexión; una nueva relación con alguien que trae un conjunto diferente de capacidades, conocimiento y experiencia. Cuando un equipo en dificultades recibe a un nuevo miembro, esa persona trae nuevos conocimientos, inteligencia y perspectivas que liberan energía nueva en el grupo. Todo el equipo se anima.

Especialmente cuando se trata de autosuperación —como en el caso de pérdida de peso o superar una adicción—, necesitamos que la energía del grupo permanezca en el programa para poder reabastecernos de ella. Los estudios demuestran que si usted se encuentra en una comunidad o grupo donde está recibiendo algo saludable o superando una crisis, sus posibilidades de éxito son muy altas. Esto explica por qué los grupos como Weight Watchers (conocidos en algunos países con el nombre de «Cuida Kilos») y otros tienen sistemas de apoyo tan exitosos. Ellos rodean a la persona con gente que va en una dirección saludable y la energía positiva es contagiosa. Lo mismo es cierto sobre otros caminos orientados a alcanzar una meta. Mientras más personas motivadas a llegar allí nos rodeen, más nos alimentaremos con esa energía y proseguiremos hacia el éxito.

Cuando se agrega información y aprendizaje, la energía solo sube. El proceso de aprendizaje y la presión de los pares para seguir adelante son muy saludables. La misma dinámica ocurre en la configuración del crecimiento. En Weight Watchers, por ejemplo, si la gente va a los grupos, no solo recibe apoyo, sino también obtienen nuevo conocimiento sobre cambios en su estilo de vida y esto los anima.

Si usted es un líder en los negocios, asegúrese de llevar a sus equipos y a sus empleados fuera del lugar de trabajo para que participen de conferencias de liderazgo, educación continua, y actividades similares. Ubíquelos en asignaciones de funciones cruzadas, y préstelos a otros jefes, departamentos y empresas. Si mantiene el aprendizaje en un nivel alto, también la energía se mantendrá alta. Jack Welch es conocido por inyectar esta energía de aprendizaje en GE (General Electric). Lo entrevisté en una ocasión en Leadercast y le pregunté sobre esto. ¡Me dijo que pasó más de la mitad de su tiempo en GE *enseñando liderazgo*! Piense en eso por un instante: una de las compañías más grandes en el mundo, y el director ejecutivo utilizando su tiempo para *enseñar a sus líderes*. Sin embargo, la ventaja de energía que tiene una organización que aprende sobre una que se estanca es enorme.

Hay maneras sencillas de hacer esto. Consígase un buen libro de liderazgo cada mes, pídale a su equipo que lo lea, y separe un tiempo una vez a la semana para discutir todo lo que están aprendiendo. Verá cómo aumenta la energía.

LA CLASE CORRECTA DE ENERGÍA

El mensaje es una perspectiva práctica con respecto a la energía emocional. En su vida personal, ¿de qué tipo de energía se rodea? ¿Positiva o negativa? ¿Orientada a un objetivo o estancada? ¿Saludable o enfermiza? ¿Dónde están las estaciones de combustible en su Cuarta Esquina? ¿De quién recibe la energía o el crecimiento? En su vida profesional, hágase las mismas preguntas. ¿Quién le provee del combustible? ¿Quién le trae la energía de nueva inteligencia, apoyo y otras provisiones? Todos necesitamos ese tipo de estímulo, y es importante saber dónde lo vamos a conseguir.

Recientemente estaba planificando una reunión fuera del área de trabajo con un alto ejecutivo para trabajar con varias decisiones muy difíciles, y le pedí que se asegurara que no invitaran a una persona específica. Sorprendido, me preguntó:

—¿Por qué no? Él sabe mucho sobre este mercado.

—No lo dudo —le respondí—. Pero este grupo tiene que comenzar a ser creativo y motivarse para dar los siguientes pasos, y eso requiere de energía creativa y positiva. Lo que sea que esa persona sume en conocimiento lo restará en términos de la cantidad de energía negativa que provoca en el grupo.

—¡Cielos! ¡Tiene toda la razón!

Ya sea como líder, padre o cónyuge, evalúe si la dinámica que está creando ayudará a liberar energía positiva o negativa. Estoy hablando no solo acerca de qué tipo de energía traerá usted personalmente a estos encuentros, sino también la que traerán los demás. Por ejemplo, yo siempre estoy monitoreando y pensando en los grupos de amigos y compañeritos de mis hijas adolescentes. Quiero que se relacionen con amigos vivificantes, positivos, amorosos y entusiastas. Como padre, esas son las clases de amistades que usted quiere que sus hijos tengan. La energía es contagiosa, entonces, ¿por qué no asegurarse, en la medida que pueda, que la energía que usted permite en las vidas de sus hijos los impulse hacia adelante y los eleve?

Evalúe su vida y su trabajo en este momento. ¿Está rodeándose de personas que abastecen su tanque? Como administrador de su vida, asegúrese de que en su Cuarta Esquina tiene esta clase de estación de combustible que le permita abastecer regularmente su vida. Por ejemplo, tengo un pequeño grupo con el que me reúno con cierta regularidad, y sé que sea lo que esté haciendo en el momento, después de que me haya reunido con ellos, me voy a sentir y a funcionar mejor. No tengo ninguna duda al respecto. Hágase usted mismo esa auditoría.

Del mismo modo, empiece a prestar atención a los que drenan su energía. No estoy sugiriendo ninguna forma de egocentrismo, tipo Nueva Era, donde de repente usted le dice a alguien: «Lo siento, pero estoy percibiendo una energía negativa y no permito que eso entre en mi vida», y luego se aleja y bota la información de contacto de esa persona. Es mejor evitar a los que no quieren que se les moleste con «energía negativa» (aunque hay relaciones que es esencial terminarlas del todo). Obviamente, no podemos ni debemos estar alejándonos siempre de situaciones difíciles. Ser una persona productiva —del tipo de persona que realmente cambia el mundo que le rodea— significa que a veces se involucra intencionadamente en situaciones negativas y trabaja duro para transformarlas. Usted no le tiene miedo a los problemas o a las «personas problemáticas», por lo tanto, no puede, ni debe intentar, evitar todo lo negativo. Acéptelo y, hasta donde le sea posible influenciar algún cambio, traiga influencia positiva. Hasta donde pueda, sea un agente de cambio.

Sin embargo, es muy importante identificar quiénes son los drenajes en su vida, por qué está invirtiendo tiempo con ellos y cuál es su impacto en usted. También es importante determinar la estrategia que va a emplear para asegurarse que no lo van a *infectar* en estos encuentros. Recuerde, a veces los doctores usan máscaras para evitar adquirir o propagar infecciones. Cuando las condiciones son altamente virulentas, ellos usan trajes especiales. Así que, si usted se encuentra con energía realmente negativa, ya sea por necesidad y a propósito, asegúrese de tomar las precauciones para evitar infecciones. Hoy día se habla mucho sobre «manejar su energía». Eso es importante, pero esto no se refiere solo a manejar su volumen de trabajo y tomar descansos; también es importante manejar las *fuentes de energía* a su alrededor. Esto es intensamente interpersonal. La gente da energía y también la quita. Conozca la diferencia y planifique de acuerdo a ello. Otra fuente de energía y nueva información para líderes es lo que llamo una «gira de escucha». Se trata de interacciones intencionalmente estructuradas o puntos de contacto con empleados destinados a identificar las fuentes de energía negativa que pudieran estar afectando la productividad de un individuo, un equipo o una compañía. Animo al líder a escuchar y trabajar a través de temas que se han convertido en un drenaje para los empleados, especialmente en áreas donde la propia empresa y su liderazgo han promulgado políticas o estrategias que han causado dificultad y angustia. No tema abordar la energía negativa. Tan solo eso —escuchar— trae energía positiva al grupo y puede empezar a transformarlo.

Lo he visto en función en una variedad de situaciones. En un caso, había una brecha real entre la oficina administrativa central y el trabajo de campo. El director de operación llevó a cabo una gira de escucha que ayudó a aclarar la mala comunicación y reconstruyó la confianza, a la vez que levantó el nivel de energía de los equipos de las sucursales, quienes se sintieron animados para llegar a soluciones propias para hacer frente a sus desafíos. Ellos literalmente comenzaron a pensar a un nivel superior. ¿Por qué? Porque su «mente» cambió gracias a una nueva infusión de energía.

Al principio, esto puede parecer un gran compromiso, pero cuando ve los resultados, se da cuenta de lo importante y relativamente fácil que es. Como cualquiera buena inversión, los beneficios aumentan con el tiempo. Un líder con quien trabajo estructura una docena o más de estas giras de escucha a través de diversas regiones durante un año. Voy con él, y eso es lo que hacemos. Escuchamos. Los resultados son impresionantes.

DIFERENTES ESTILOS

Así como hay fuentes de energía positiva y negativa, también hay diferentes «marcas» o «sabores» de energía que necesitamos para impulsar el crecimiento profesional y personal. Por nuestro propio bien, y el de otros, es importante saber qué marca de energía necesita una persona para impulsar el crecimiento.

En otros libros que he escrito, he hablado sobre un periodo en mi vida cuando el poder del otro me salvó y me ayudó a encontrar la misión de mi vida. La versión resumida de esa historia es que me habían reclutado para jugar golf universitario y anhelaba muchísimo seguir ese sueño cuando comencé a estudiar. Sin embargo, en mi primera semana en la universidad, desarrollé una lesión en la mano que afectó mi juego por los próximos dos años y, finalmente, dio lugar a que tuviera que renunciar definitivamente al deporte que había amado desde mi infancia. Al mismo tiempo, pasé por la dolorosa experiencia de terminar con mi novia y, como si eso fuera poco, me diagnosticaron el inicio de una condición prediabética que me estaba provocando migrañas. Me deprimí y me desanimé. Durante meses, deambulé por la vida, medio aturdido. Trataba de levantarme y seguir con mi vida, pero mis esfuerzos no me condujeron a ninguna parte, excepto a que la depresión se hiciera más profunda, y finalmente me viera obligado a ausentarme un semestre de clases para ver qué iba a hacer.

Lo que descubrí fue que, si quería mejorar, seguir adelante con la vida y prosperar, no podría hacerlo solo. Y esto fue lo que ocurrió: un hermano de mi fraternidad me ofreció su ayuda; también me presentó a su hermana mayor y a su cuñado, que era un estudiante de seminario. Cuando digo que «me recogieron», lo digo literalmente. Ellos me pidieron que me fuera a vivir con ellos, y me regresaron de la oscuridad a la vida, hasta que pude volver a clases.

Aquel «combustible» fue multidimensional. Fue la energía emocional, intelectual, física, intencionada y espiritual que necesitaba para ponerme en marcha de nuevo. Con la ayuda de esta pareja, un buen terapista, y un pequeño grupo de amigos, mejoré mucho físicamente. Ahora comía alimentos diferentes, descansaba lo suficiente y establecí un nivel de actividad saludable que había perdido durante mi depresión. Intelectualmente, me presentaron algunos libros sobre crecimiento y un nuevo mundo de ideas que nunca había visto antes en filosofía y teología. Leía un libro tras otro e iba a talleres y clases que me estaban exponiendo a un crecimiento, tanto personal como intelectualmente, que nunca había experimentado en todos mis años de estudio convencional. Este intenso crecimiento intelectual era tan revitalizante como todos los deportes que alguna vez hubiera practicado.

Ellos también trabajaron muchísimo en mis emociones. Yo había pasado por muchas cosas, y me animaron a hablar de ellas, a aprender de ellas y a establecer nuevos patrones que fueran mucho más saludables. Se concentraron en la inteligencia emocional mucho antes de que ese término se popularizara. Fue a veces doloroso, como deben ser todas las relaciones en la Cuarta Esquina para cumplir con su trabajo, pero probablemente yo crecí más en ese tiempo que nunca antes. La *provisión de combustible* que me dieron fue enorme, proporcionándome una base para todo lo que hago ahora. El significado que había encontrado era incluso mayor que la satisfacción que habría conseguido compitiendo en el golf. Ellos me volvieron a infundir vida.

Comparto esta historia una vez más para recordarle que el combustible, y sobre todo el combustible que obtenemos de las relaciones en la Cuarta Esquina, viene de muchas dimensiones *diferentes*. Las relaciones de la Cuarta Esquina nos afectan física, emocional, intelectual y espiritualmente, ya que nos ayudan a encontrar nuestro propósito en la vida. En la mayoría de los casos, ninguna relación puede abastecer nuestras necesidades en todas estas dimensiones, aunque a veces una es más importante que otra. Por eso es vital establecer múltiples conexiones que nos alimenten con diferentes clases de energía. De verdad se necesita a «todo un pueblo» para ayudar en el crecimiento de una persona y para mantenerla creciendo.

Algunas de las experiencias más fascinantes y gratificantes que he tenido como entrenador de liderazgo han sido trabajando con directores generales, con equipos de ejecutivos y otros líderes cuando dedican tiempo fuera del trabajo para enfocarse en misión, propósito y valores. Los valores son como el combustible para cohetes cuando trabajan en un proceso continuo. Muchas empresas escriben algunos valores y los colocan en una pared, pero nunca los vuelven a ver. Me encanta trabajar con empresas donde podemos desarrollar un plan estratégico interno para llegar a los valores que realmente impulsan el desempeño de la misión; donde todos se involucran profundamente en las discusiones sobre cómo la empresa hace su trabajo. Cuando un equipo desarrolla un ritmo de no solo dar con valores, sino de trabajar para *convertirlos en realidad;* con el tiempo, la energía que entra en ese negocio es notable. En estos casos, los valores no son carteles pegados en la pared. Son prácticas interpersonales y de comportamiento que traen el poder del otro a la ecuación, y que cambia a las personas, a los equipos, a los departamentos y a las organizaciones.

PRIMERAS SEÑALES DE ADVERTENCIA

Si usted estuviera en un avión, los instrumentos le dirían cuando está en problemas. Si se le estuviera acabando el combustible, se encendería una luz de advertencia. Si estuviese yendo en la dirección equivocada, otro tipo de advertencia se lo diría. Bajaría la presión del aceite o sonaría una alarma. Saber dónde se encuentra y el estado de su avión es clave para mantenerse en el aire.

Lo mismo ocurre con su teléfono celular, ¿se acuerda? Le muestra las barras. Le indica que se ha perdido la conexión y la busca. Tiene un aviso para cuando la batería está baja y para cuando la conexión es limitada. También le dice que tiene «instalar alguna actualización».

Estos indicadores y el tablero de instrumentos están ahí para hacerle saber cómo están las cosas y lo que usted necesita atender antes de verse en problemas. Lo mismo con la pregunta: «¿Cómo está?». Si usted no sabe dónde se encuentra —emocionalmente y en relación con los otros— va a tener problemas para mantener el avión en el aire. Afortunadamente, hay señales a las que puede atender.

La desconexión de la Primera Esquina puede ofrecer un alivio temporal, especialmente cuando usted está bajo estrés y las cosas no van bien. Es una retirada fácil, pero también es engañosa. No me malinterprete: la soledad puede ser increíblemente abastecedora de combustible por sí sola, especialmente en el caso de los introvertidos. La capacidad para estar solo, cómoda y felizmente, es un paso importante hacia la madurez emocional y la salud. Sin embargo, la soledad no es aislamiento en la Primera Esquina. El aislamiento no le va a dar la oportunidad de abastecerse de combustible, sino que simplemente le ofrecerá un escape temporal. Si usted se dirige a la Primera Esquina en un intento por evitar conflictos e intimidad, mientras erróneamente lo llama un tiempo a solas, va a terminar perdiendo energía e impulso. Así que, ¡cuidado! ¿Una buena manera de saberlo? Si va buscando soledad, ¿tiene todavía el tiempo real, de conexión, sincero y vulnerable en la Cuarta Esquina para hablar con otras personas sobre lo que usted pensaba mientras estaba a solas? Si lo comparte en algún momento, su soledad es probablemente una manera de recargar combustible y ordenar las cosas en su tiempo a solas. De lo contrario, tal vez esté aislándose en la Primera Esquina y lo esté llamando soledad o introversión.

También puede detectar señales de advertencia en la Segunda Esquina. Cuando las alarmas en su cabeza empiecen a decirle: «No eres lo suficientemente bueno»; cuando comience a sentir miedo por la desaprobación o el disgusto de alguien, o sienta que no da la talla en determinada situación… se está quedando sin combustible.

La necesidad de buscar algo que lo haga sentir «bien» —eso está en la Tercera Esquina en el mapa— es otra señal de advertencia. Si siente el deseo de buscar consuelo en relaciones ilícitas, sustancias adictivas u otras conductas compulsivas, sabe que, en el mejor de los casos, se está arriesgando a un estancamiento y, en el peor, a una catástrofe. No confíe en nada que lo haga sentir bien si no es algo que quiera compartir con su cónyuge, sus socios, su familia o sus colegas. O si eso no lo satisface plenamente, sino que pronto lo desea de nuevo, probablemente sea más una adicción que algo provechoso. Y si no requiere de usted que sea su yo auténtico, lo más seguro es algo falso.

Siempre que estas alarmas empiecen a sonar, busque la Cuarta Esquina. Sea honesto acerca de dónde se encuentra y lo que necesita cuando llegue allí. Ahí es donde está todo lo bueno.

CAPÍTULO 6

LIBERTAD Y DOMINIO PROPIO

Jack Nicklaus es el golfista más grande que el mundo haya conocido jamás. Su récord de victorias no ha sido superado, incluso años después de su última victoria. Ganar dieciocho US Open es un récord que probablemente se mantendrá por un largo tiempo. Para mis lectores que no son golfistas, los US Open (Abiertos de Estados Unidos) son equivalentes a los Super Bowl en el fútbol americano, a la Serie Mundial del béisbol o a los Grand Slam en el tenis. Si usted no es una persona aficionada a los deportes, simplemente llámelos los Oscar y piense en Katherine Hepburn.

En mi opinión, para que Jack Nicklaus alcanzara tan extraordinarios resultados, una destreza, una capacidad contaba más que cualquier otra: su voluntad de ganar, de golpear la bola en la forma que tenía que hacerlo para que llegara al hoyo. Como lo ha señalado más de un comentarista, cuando Nicklaus quería ganar un torneo simplemente *impulsaba* la bola para que llegara al hoyo. Él tenía lo que parecía ser un dominio propio sin igual que se traducía en resultados: victorias. Él encarna la esencia del rendimiento: la habilidad de hacer que las cosas sucedan.

Para mí, de todas sus hazañas, una sobresale sobre las demás. Ocurrió en el US Open de 1972 en Pebble Beach, California. En el hoyo diecisiete, se enfrentó a lo que describió como un aullido del viento: un tiro de 218 yardas y una ventaja de tres golpes, que en un agujero como aquel podrían desaparecer rápidamente. ¿Qué pasó? Hizo el tiro. La bola *golpeó en el palo de la bandera* y se detuvo a unas pocas pulgadas del hoyo. ¡Birdie! Y así aseguró la victoria en el US Open. (Puede buscarlo con Google y le aseguro que lo mirará varias veces).

En una carrera de tantos años y con tantos triunfos, ¿por qué recuerdo aquel tiro más que cualquier otro?

DOMINIO PROPIO

Este es el resto de la historia.

Nicklaus ha descrito lo que sucedió en ese momento histórico. En el momento en que, palo en alto, se apresta a hacer el tiro, el viento sopla y de alguna manera, su tiro está algo desalineado. Él puede sentir que algo no está bien. ¿Entonces, qué hace? En medio de uno de los golpes más importantes del US Open, *procede a ajustar su movimiento*. Aun cuando está golpeando con el palo hierro 1 —un palo imposible de cualquier modo— con ráfagas de viento que vienen del océano, en un monstruo de hoyo, bajo toda aquella presión, él tiene una percepción *total* de un palo de golf en movimiento, el efecto del viento sobre sus ángulos, y entonces *hace un ajuste*. Recuerde: su swing alcanzará una velocidad de unos 193 kilómetros *por* hora. Y aun así es capaz de ajustar su movimiento y golpear la bola que termina deteniéndose a tres pulgadas del hoyo, a casi 200 metros de distancia. Esto es dominio propio en un nivel que no tengo palabras para describir en términos lo suficientemente fuertes, desde los deportes a la neurociencia a la magia. Así era él, sencillamente. Venía de su carácter y de lo que estaba hecho.

Su sentido de dominio propio, propiedad y responsabilidad era aún más evidente cuando perdía. En años recientes, mirando hacia atrás, cuando le preguntaron sobre su mejor golpe, no mencionó aquel tiro ni cualquier otro, sino una sucesión de hoyos en el Open Británico de 1966. Contó que estaba en la *tee* número dieciséis y se dijo: «Muy bien, Jack, quiero un final de 3-4-4 y si lo haces, vas a ganar el Open». Y lo hizo. Terminó 3-4-4 y ganó. ¿Qué piensa de eso en términos de autodirección, dominio, ejecución y sentido de propiedad absolutos? Unos años más tarde, se paró en el mismo lugar, y estaba entre los líderes del juego, y se dijo de nuevo: «Bien, Jack, 3-4-4 y vas a ganar el campeonato de nuevo». Desafortunadamente, no hizo el tiro que tenía que hacer y, recordando aquel golpe, comentó: «Terminé con 4-5-4 y perdí por ese golpe. *Tuve en mis manos mi propio destino... y simplemente no lo coseguí*» [énfasis añadido]. Esta afirmación revela el secreto de su grandeza. Él sabía que tenía el control: ganara o perdiera.

Note el *sentido de propiedad;* el darse cuenta de quién tiene el control de Jack y de su desempeño: *Jack.* No ofrece excusas, como «el viento ese día era terrible y una ráfaga llevó la bola demasiado lejos del hoyo diecisiete». O, «alguien chilló a mis espaldas».

Nada de que «el perro se comió mi tarea». En su lugar, oímos una declaración del más absoluto sentido de propiedad: «Lo tuve en mis manos y simplemente no lo hice».

Nunca he conocido a ninguna persona con alto rendimiento que haya sentido que no tiene control de su propio desempeño, sus emociones, su dirección, su propósito, sus decisiones, sus creencias, sus opciones, o cualesquiera otras facultades humanas. Ellos no culpan a otros o a factores externos. Los grandes no son como los perdedores que tratan de explicar sus derrotas como que algo las causó, los forzó o controló (o descontroló).

El dominio propio es sumamente importante en el desempeño de los seres humanos. De él depende mejorar, o no. Usted no podrá mejorar si no es *usted* quien debe mejorar. Usted es el actor, punto. Usted es lo único que usted puede controlar.

En el mundo psicológico, a esta idea y descripción de salud se le conoce con varios nombres; entre ellos: «autoeficacia», «agencia» y «lugar de control». Es la «percepción de que uno está en control de uno mismo». Si usted tiene un hierro 1 en la mano para ganar el US Open, tiene que ser consciente que ese palo está en su mano, y no en la de otra persona. Si usted *sabe* que está en su mano, entonces su mente y su cuerpo (dos partes del triángulo de comportamiento de Siegel) pueden ajustarse para dar uno de los golpes más formidables de la historia y ganar el torneo. Si no lo hace, lo más probable seguirá en el *swing* y luego alzará la vista para ver a dónde fue a parar la bola. Buena suerte. Muchísimas personas viven sus días, e incluso la vida, de esa manera. Alzan la vista para «ver a dónde fueron a parar». Los grandes en los negocios, en los deportes o en la vida son conscientes que ellos y solo ellos tienen el palo en la mano. (Véase mi libro *Límites para líderes*. Vida, 2014). Y, recordando a Siegel y su concepto de la mente como un regulador, se puede ver cómo una mente que tiene esa clase de dominio propio puede dirigir a otros a lugares de productividad muy altos.

Ya sea como líder empresarial, individuo, padre, esposo, o incluso como paciente en el sistema de salud, una vez que se da cuenta de que el palo adecuado está en *su* mano, está en la posición de alcanzar el siguiente nivel. Usted tiene el cien por ciento del control de *su* lado en la relación, en los comandos de *su* empresa, en *sus* aportes, en el entrenamiento y la disciplina de *sus* hijos, y así por el estilo. La autoeficacia es parte integral de cualquier tipo de productividad humana. Es obvio que no se puede estar en control del universo ni de las demás personas, pero siempre se puede estar en control de uno mismo.

No obstante, este libro no se trata de dominio propio. De hecho, ni siquiera es un libro sobre uno mismo. Es un libro sobre el poder del *otro*; el poder que alguien más, *no* usted, tiene en su vida de rendimiento, logros y bienestar. Parece una contradicción, ¿cierto? Por un lado, le estoy diciendo que *usted está* en total control de su rendimiento, pero por el otro lado, le estoy diciendo que *otras* personas tienen poder también sobre su rendimiento. ¿En qué quedamos? ¿Dominio propio o el poder de otros? ¿Confundido?

La respuesta es sí. Todos estamos confundidos. La razón por la que estamos confundidos es que vemos el dominio propio y nuestra actuación individual como *totalmente dependiente de nosotros mismos y de lo que hacemos*, y eso es correcto. Sin embargo, lo incorrecto es pensar que no tiene que ver con nadie más. La verdad es que, si bien el dominio propio y el rendimiento están totalmente bajo nuestro control, su sustento se deriva del poder de nuestras relaciones formativas. Sí, otros, en el pasado y en el presente, nos ayudan a establecer nuestra capacidad de dominio propio. Esa es la paradoja del rendimiento.

Dicho de otra manera, lo mucho o poco que usted crea que está en control de su vida depende en parte de cuánto las personas más importantes en su vida apoyan esa capacidad *y*, al mismo tiempo, lo hacen a usted responsable por ello. Los ganadores no solo se perciben a ellos mismos como que están en control de sí mismos y sus opciones, sino que también ejercen este control todos los días, y lo podemos ver. Ellos tienen ese increíble sentido de propiedad, pero en parte ese sentido se ha desarrollado y se sustenta en la relación. Y aquí tenemos de nuevo la Cuarta Esquina.

¿A quién no le gustaría ser Jack; el tipo de jugador que rompe todos los límites conocidos? Esto del dominio propio suena bastante bien. ¿Quién no querría tenerlo? Pero, ¿de dónde viene el dominio propio? Aquí está la respuesta: el dominio propio proviene de practicarlo, de desarrollarlo y de usarlo *en el contexto de las relaciones de la Cuarta Esquina*.

¡CONTRÓLESE!

Como golfista, psicólogo y entrenador de rendimiento, siempre me ha interesado el fuerte sentido de dominio propio de Nicklaus. Sin importar lo que otros estuvieran haciendo en el campo de golf, él se enfocaba en lo podía controlar: su propio juego. A menudo he pensado que su voluntad de ganar era increíble. ¿De dónde venía eso? Hace poco tropecé con otra pista.

Estaba de viaje y una noche, mientras cambiaba la televisión de canal a canal, me topé con una entrevista que le estaban haciendo a Jack sobre su carrera. El entrevistador lo llevó a sus años de desarrollo y al papel que jugó su padre en su vida y en su carrera de golfista. Él hablaba sobre el apoyo de su padre, Charlie Nicklaus, quien estaba muy involucrado en los deportes de la universidad de Ohio State y en la carrera de Jack como golfista. A medida que seguía hablando de su papá, era evidente que su dominio propio se había desarrollado en esa relación de Cuarta Esquina.

Él recordó una ocasión, cuando siendo adolescente, jugó en el US Amateur. Después de una ronda, su padre se le acercó para preguntarle sobre uno de los tiros que había hecho y por qué había decidido hacer precisamente ese tiro y por qué había elegido el palo con el que había dado el golpe. Con esas preguntas, su padre estaba poniendo en duda lo que su hijo había hecho. Jack, entonces, lo miró y calmadamente, le dijo: «Papá, es mi juego».

Es mi juego. ¡Qué increíble, y poderosa afirmación de sentido de propiedad y autoeficacia! Él se estaba definiendo a sí mismo y a lo que controlaba en relación con la persona que había estado más cercana a él en toda su vida. (Véase, de David Barrett, *Golfing with Dad* [Jugar golf con papá], Skyhorse, 2011). Cuando vi y escuché aquello, lo entendí todo. El sentido de dominio propio de Jack estaba impregnado en todo su ser. Se trataba de «mi juego». Y él fue capaz de decírselo directamente a la mismísima persona que lo había apoyado al máximo. Y porque él sabía eso y lo poseía, tenía un mayor sentido de dominio propio que cualquiera que hubiésemos visto o veríamos en mucho tiempo. Como describí su enfoque antes, el «el palo adecuado está en *mi* mano».

Dos cosas se destacan en este intercambio. En primer lugar, Jack fue capaz de expresar ese sentido de propiedad directamente a la persona que más lo había apoyado. En segundo lugar, su papá respetó la postura de Jack sobre estar en control de su juego. Esta combinación: estar en control *y* ser apoyado y respetado en sus decisiones, aun cuando los demás no estén de acuerdo, es uno de los elementos más poderosos en las relaciones de la Cuarta Esquina. Esta combinación capacita a las personas para que logren sus más grandes resultados, impulsados por el otro y para que se sientan libres para elevarse por ellas mismas.

El dominio propio, la acción, la autosuficiencia —todos sellos distintivos de salud psicológica que subyacen en el rendimiento de la persona— se construyen y se apoyan en la relación con el poder del otro. El grado en el que usted se va a elevar depende en parte de encontrar sus pares en la Cuarta Esquina, que robustezcan su sentido de dominio propio en lugar de tratar de quitarlo o disminuirlo. El dominio propio se construye a través de varias funciones que proporcionan los otros:

- Apoyo
- Crecimiento
- Respeto
- Rendir cuentas

Veamos cómo trabajan estas funciones, empezando por Nicklaus. ¿Cómo fue que el poder del otro (su padre) lo ayudó a desarrollar su propio poder?

Como señalé en el capítulo anterior, el rendimiento humano requiere ser alimentado por las relaciones. Pero, el motor de refuerzo no es el cohete. El apoyo no es el rendimiento. Es necesario, pero no es suficiente. Eventualmente, Jack tiene que —y *usted* también— dar el golpe.

Sin duda, el carácter y la genética explican algunos de los grandes logros de Nicklaus, pero como sabemos tanto por la investigación como por su propia historia, fue también a través de la relación con su padre, Charlie Nicklaus, que desarrolló un sentido de propiedad y de rendir cuentas. Cuando Jack dijo: «Papá, es mi juego», ese comentario salió de su relación en la Cuarta Esquina, donde su padre era su combustible y su apoyo. Pero su padre también respetó el sentido de propiedad y el dominio propio de Jack. Charlie Nicklaus lo apoyó desde los días en que jugaba golf infantil hasta que fue profesional. Lo animó, lo entrenó, le dio oportunidades, le impartió disciplina, y mucho más. Pero también le dio lo más grande que ofrecen todas las relaciones de Cuarta Esquina: *autonomía y responsabilidad*. El equilibrio entre apoyo y autonomía estaban allí presentes desde el principio. Como psicólogo le puedo decir que este balance ayudó a Jack Nicklaus a desarrollar el dominio propio que hizo que el golpe con el palo adecuado le diera el resultado que obtuvo en todos los demás torneos que jugó.

Por ejemplo, en la página 107 de *Golfing with Dad,* Jack dice esto sobre el papel de su padre cuando estaba por decidir si se mantenía como aficionado en el espíritu de Bobby Jones o se convertía en un golfista profesional: «Era evidente, a raíz de nuestras conversaciones, que él prefería que me mantuviera como aficionado, *pero mi padre siempre expuso sus opiniones sin presionarme y, al cierre de cada charla, me recordaba que yo era responsable de mis propias decisiones*» [énfasis añadido].

La verdadera prueba de una relación de Cuarta Esquina es lo que sucede cuando usted elige un camino diferente que el que prefiere la persona que le está apoyando. Después de sopesar todos los factores, Jack decidió convertirse en profesional en lugar de hacer lo que su padre pensaba que debía hacer. En lugar de ser el próximo Bobby Jones, se convirtió en el jugador más grande en la historia del golf. Jack dice de su padre: «Él es un animador que no molesta para nada». ¿Cuántas personas de gran talento desearían que sus jefes, padres, compañeros de trabajo, cónyuges o amigos fueran animadores discretos, y les dieran libertad y apoyo, y no se los quitaran cuando deciden seguir sus propios caminos? Eso es oro puro.

Incluso con todo ese apoyo y esa libertad, Nicklaus habla de su padre no como si se tratara de alguien que aprueba sin detenerse a pensar. Lejos de eso. Él tenía sus propios puntos de vista y opiniones fuertes, y no aprobaba de forma automática todo lo que hacía su hijo. Como contó Jack: «Él creía en mí, apoyaba todo lo que hacía, y siempre estaba ahí para mí, *ya fuera para darme el ánimo que necesitaba o una patada en el trasero*» [énfasis añadido]. Su padre lo confrontaba cuando era necesario. Le decía la verdad, pero lo hacía sin violar ese sentido básico de autonomía que todos necesitamos para llegar a ser los mejores. Charlie le decía lo que pensaba, pero al mismo tiempo, respetaba su libertad. «Rara vez me dio un consejo no solicitado sobre mi juego, pero siempre estuvo ahí por si se lo pedía» (*Golfing with Dad*, p. 108). Qué equilibrio y, en mi opinión profesional, ¡qué clase constructor de cerebro! La relación entre Jack y Charlie Nicklaus era la definición misma de una relación de un constructor de desempeño de Cuarta Esquina.

Pregunta: ¿a quién tiene usted que sea como el papá de Jack? ¿Que sea tanto un apoyo y un dador de ideas, como un protector y defensor de su libertad y control? Quizás es tiempo de que tenga una buena conversación con su jefe, un amigo, un familiar, un miembro de la junta de directores, o alguien más. Después de todo, ¿qué es la atribución de poder, sino libertad para ejercer dominio propio y libertad de elección y desempeño? Sin embargo, demasiadas veces los líderes piensan que la atribución de poder es hablar elocuentemente; el camino más rápido para conseguir que los demás hagan lo que ellos quieren. Se olvidan de que esto no solo requiere la libertad de elegir, sino el apoyo del líder, incluso cuando los tiempos se ponen difíciles y surgen los desacuerdos. Para cualquier líder, y para casi todas las relaciones, es un gran reto reunir el apoyo, la libertad verdadera, el delegar y las decisiones.

Hace poco estábamos hablando de este dilema con un alto ejecutivo que a veces se enfrasca en tensas discusiones en su sala de juntas. Uno de los miembros más poderosos lo apoya muchísimo hasta que él quiere hacer algo con lo el miembro poderoso no está de acuerdo. Si se tratara de una cuestión de política corporativa, gobierno, o ética, obviamente, el miembro de la junta tendría el derecho de ejercer control. Porque, en última instancia, una junta *está* en control. Pero en la operación cotidiana de la compañía —que es el trabajo del alto ejecutivo— el miembro de la junta debe apoyarlo. Él puede estar en desacuerdo con él e incluso tratar de persuadirlo para que reconsidere una posición, pero el miembro de la junta tiene que reconocer que, a la larga, es decisión del alto ejecutivo. Él puede expresar claramente que tanto él como el resto de la junta responsabilizarán al alto ejecutivo de los resultados, a diferencia de retirarle el apoyo a cada momento.

Naturalmente, la situación se puede complicar. A veces es difícil saber dónde termina la responsabilidad de uno y dónde comienza la de otro. Pero eso es un aspecto importante sobre escoger las relaciones de la Cuarta Esquina. Las mejores relaciones entablan un diálogo constructivo sobre este mismo asunto —dónde debe trazarse la línea divisoria— sin la amenaza de retirar el apoyo si no se está de acuerdo. Las relaciones de Cuarta Esquina entienden estas cosas, sin que alguien le quite de las manos el palo de golf cuando las cosas parecen salirse un poco de control.

EL BALANCE ENTRE
COMBUSTIBLE Y LIBERTAD

Apoyar a las personas y aun así permitirles que tengan el control sobre sí mismos promueve el desarrollo de un potencial ilimitado. Es la receta para la grandeza. Pensemos cómo un ejercicio de equilibrio como ese podría verse en varias dimensiones de su vida:

¿Cómo le afectaría a usted en su desempeño como líder si su junta de directores, su jefe, su equipo de trabajo y sus inversionistas entendieran correctamente el principio de este equilibrio? ¿Qué pasaría si ellos estuvieran allí para apoyarlo masiva y locamente, asegurándose también de que usted retenga el control para poder hacer su mejor trabajo? ¿Qué pasaría si le dieran esa la libertad y la facultad de tomar posesión de lo que necesita controlar? ¿Qué pasaría si ellos no cambiaran o renunciaran a su tono emocional o apoyo cuando usted toma decisiones que, en su opinión, son lo mejor y se hace responsable por ellas si las decisiones que usted ha hecho difieren de las que ellos hubieran tomado? De hecho, ¿qué pasaría si ellos no tratan de interferir o controlarlo? ¿Qué tal si delegación realmente quisiera decir delegación, que le pertenece a usted, y que el 1-hierro está en *su* mano?

¿Qué significaría para usted, como negocio, si cada empresa se viera a sí misma en una relación de Cuarta Esquina con la gente en el campo de trabajo e incluso con sus clientes? ¿Qué pasaría si su compañía le preguntara: «¿Cómo puedo reabastecer ese combustible de apoyo y al mismo tiempo asegurarme que las personas más cercanas a la ejecución del negocio tengan el control y la autonomía para llevarlo a cabo?». Eso sería tremendo. Y yo lo he visto. Cuando esto sucede, los resultados alcanzan niveles altísimos, y también se eleva la moral, la energía y el espíritu empresarial. Horst Schultze, fundador de Ritz-Carlton, ha dicho que sus empleados están plenamente autorizados para satisfacer a un cliente y resolver un problema que no exceda los dos mil dólares, *sin consultar con nadie*. Cuentan con el respaldo necesario que les permite tomar decisiones que ayuden a los clientes sin buscar la aprobación de arriba.

¿Qué significaría para usted, como esposo o esposa, si los cónyuges en general se apoyaran mutuamente en sus actividades individuales sin sentirse amenazados o excluidos? ¿Qué tal si le dieran consejos cuando los necesite, pero sin cambiar su nivel de apoyo cuando no estén de acuerdo? ¿Qué tal si hubiera respeto mutuo por los distintos estilos y preferencias (a excepción de cargar el lavavajillas donde hay una sola manera de hacerlo), lo que en lugar de provocar conflictos y sentimientos heridos podría resultar en una conexión más profunda y una base más sólida?

¿Qué significaría para usted como familia? ¡Oh guao! ¿Dónde deberíamos comenzar? No dejo de sorprenderme cuando veo continuamente que familiares o parientes políticos aún siguen tratando de controlar de alguna manera las vidas de personas con alto rendimiento. Cómo me gustaría disponer de una fórmula cósmica que revelara los montones de productividad perdidos por aquellas personas que tienen que estar negociando continuamente la intromisión de los familiares en sus negocios, carreras profesionales, matrimonios, estilos de ejercer la paternidad, decisiones sobre sus vidas y así por el estilo. Esto, literalmente, se convierte en algo agobiante incluso para algunas de las personas más talentosas. En estas situaciones, aun si el cordón umbilical adulto está proporcionando alimentos, está cobrando una renta demasiado alta. ¿Qué pasaría si las cosas pudieran hacerse de otro modo?

¿Qué significaría para usted, como amigo, si sus amigos más cercanos actuaran como Charlie Nicklaus, el padre de Jack? ¿O como el pequeño grupo que me ayudó a superar mi situación difícil durante mis años universitarios? ¿Qué tal si lo alimentara tal y como el padre de Jack hizo, ofreciéndole ayuda, consejo y recursos cuando lo precisara, animándole y al mismo tiempo ayudándole a aceptar la responsabilidad por sus acciones? ¿Qué sucedería si le dieran su opión sincera pero le dejaran tomar sus propias decisiones sin ninguna repercusión emocional?

Sería maravilloso, ¿cierto? Sin embargo, mantenga en mente que la base de apoyo de la Cuarta Esquina no solamente proporciona apoyo por el mero hecho de hacerlo. Las personas apoyan sus decisiones y, además, le hacen responsable por ellas. Desde luego, si se encuentra en una situación altamente destructiva o comportándose ilegalmente, los límites que establecerán serán más definidos y estrictos. Los drogadictos se dan libertad unos a otros, sin hacerse responsables entre ellos por su autodestrucción. Este no es el apoyo de la Cuarta Esquina. No le ayudaría a progresar en su vida. La Cuarta Esquina pide cuentas a las personas por sus decisiones. En el próximo capítulo, veremos como también, esta fomenta responsabilidad.

CAPÍTULO 7

LA LIBERTAD EXIGE RESPONSABILIDAD

Mi padre era increíble. Yo lo amaba con todo mi corazón. De muchas maneras, él fue mi mentor, mi entrenador, mi combustible y mi apoyo. Para él también era importante la responsabilidad y el rendir cuentas. No estoy seguro de si la razón para esto fue que, a los siete años, quedó huérfano y tuvo que abrirse camino solo en el mundo, o por a su entrenamiento y servicio militar durante la Segunda Guerra Mundial como primer sargento en Europa durante cuatro años. Mi papá sabía ofrecer apoyo, pero también podía ser *muy* duro. Uno de sus compañeros mientras servía en Europa me contó que mi padre disciplinó a un soldado por algún tipo de mala conducta y lo envió a cavar un «seis por seis» a altas horas de la noche. Cavar un hoyo seis pies de ancho, seis pies de largo y seis pies de profundidad no era una tarea nada divertida durante una fría noche, ni tampoco durante el día. El amigo de mi papá sintió pena por el soldado, así que salió escondido para ayudarle a cavar. Mi padre lo vio, salió y le dijo: «Bueno, como te gusta tanto hacer hoyos, ¡haz otro a su lado!». Ay... pero así era mi padre.

Hasta donde puedo recordar, mi padre siempre me dijo que ir a la universidad era mi decisión. Él no había tenido la oportunidad de hacerlo. Había interrumpido su educación secundaria para mantener a su familia, que incluía una buena cantidad de hermanos. Al mismo tiempo que me animó, con ese apoyo también vino una delimitación de responsabilidad. Él solía decirme: «Hijo, no te preocupes por la universidad. Ya está pagada. Ese es mi trabajo. Pero tu trabajo consiste en estudiar duro para que puedas entrar. No puedo hacer eso por ti. Pero después, cuando te gradúes, *hasta ahí llegué*. Después de eso te toca a ti». Luego, con una sonrisa añadía: «Puedes parar por la casa a comerte un sándwich si quieres, pero no esperes mucho más que eso». Su trato era claro. Apoyo y responsabilidad. Me apoyaría hasta que fuera a la universidad, pero después de eso, yo sería responsable de mi propia vida. Él me daría su apoyo y mi libertad, pero yo era responsable por las decisiones que tomara.

Nunca olvidaré la ocasión que sentí que este arreglo de responsabilidad parecía ser lo último que necesitaba o deseaba. Sentí que necesitaba ayuda —muchísima ayuda—, no responsabilidad.

Era el verano de mi primer año en la universidad, y estaba en casa en Mississippi para pasar las vacaciones. Mi novia de la universidad estaba en Texas, tomando cursos de verano. Nuestra relación era bastante seria y su familia me invitó a que fuera a pasar una semana con ellos en su rancho en el sur de Texas. Yo tenía que pasar por ella en Austin y de allí manejaríamos para reunirnos con su familia.

La razón por la que tenía que recogerla en Austin era porque su padre era el gobernador de Texas, y ella se estaba alojando en la mansión del gobernador. Durante el año escolar, no había pensado mucho en ese pequeño detalle, que su padre era el gobernador. Solo me gustaba ella por lo que era: atractiva, inteligente, divertida, y muy práctica y realista. Usted no se habría imaginado que ella venía de «la realeza de Texas», pero así era. Ahora iba a conocer a su familia por primera vez, lo que no dejaba de ser preocupante para un muchacho de diecinueve años de Mississippi. Estaba algo nervioso, pero de todos modos conduje hasta Austin para encontrarme con ella.

Cuando llegué a Austin, ella dijo que quería llevar un montón de sus cosas al rancho, pero mi modesto automóvil para dos personas era demasiado pequeño, así que decidimos usar el auto de ella, propiedad de su padre. Me ofrecí para conducir. Así es que, partimos. Salimos de la mansión del gobernador en su coche e hice un viraje. Luego, hice otro. Y entonces pasó.

Hice un giro ilegal, justo en el carril que venían los coches en dirección contraria y un enorme camión nos chocó de frente. No fue cuestión de un «¡ay, lo siento!», o un golpecito leve en las defensas... fue mucho más serio. Mi novia y yo estábamos bien, pero el coche era otra historia. En aquel momento, el haber escapado sin lesiones no me pareció una bendición. Todo lo que podía pensar era que el coche del gobernador de Texas era pérdida total, gracias a mí, y que mi primer encuentro con él sería: «Hola, soy el novio de su hija. Acabo de destrozar su coche». Digamos las bendiciones no estaban muy claras que digamos. Ni siquiera estaba lesionado lo suficiente como para esperar simpatía. Creo que una parte de mí deseó haberlo estado. Si al menos estuviera en muletas, tal vez sentiría algo de lástima por mí; pero ni eso.

Después de hablar con la policía (de por sí un momento bastante interesante cuando me preguntaron: «¿De quién es este coche?»), no podía dejar de preocuparme por los pasos que tendría que dar en seguida. *¿Qué se suponía que tendría que hacer por haber dejado el coche del gobernador en siniestro total?* ¿A la compañía de seguros de quién tendría que llamar? ¿Quién paga? ¿Quién es responsable? Todo lo que podía oír en mi mente en esos momentos era la vieja canción de Warren Zevon: [«Envíen abogados, armas y dinero. ¡Papá, sácame de esto!»]. *Eso es,* pensé. *Papá sabrá qué hacer.* Así que llamé a casa.

Mi padre contestó. Le conté lo que había pasado. Me preguntó si los dos estábamos bien. Le dije que sí, solo un poco maltratados. Por un momento no dijo nada. Después de un silencio que me pareció más largo de lo que fue en realidad, me dijo:

—Bien, hijo, deja ver si entiendo. Vas de camino a conocer a los padres de tu novia por primera vez, ¿cierto?

—Así es, papá.

—Y acabas de chocar su auto y es siniestro total.

—Correcto.

—Y vas a ser su invitado durante una semana.

—Así es.

—Y él es el gobernador de Texas, ¿verdad?

—Sí, señor.

—Y lo primero que vas a tener que decirle al padre de tu novia es que le has chocado su coche y que es siniestro total.

—Correcto. Papá, ¿qué hago? ¿Llamo a nuestra agencia de

seguro? ¿A la agencia de ella? No es mi coche. No sé qué hacer ni cómo hacerlo. ¿Qué se supone que debo hacer?

Otro silencio.

—Hijo, escúchame bien —me dijo—. *Si tienes edad suficiente para meterte en una situación como esta, tienes edad suficiente para salir de ella*. Pero hazme un favor. Llámame y dime cómo lo resolviste. Estaré ansioso esperando tu llamada.

Y colgó.

Si en aquel momento hubiese tenido que escribir un libro sobre qué es responsabilidad, no habría sabido qué palabras escribir, pero ciertamente sí sabía lo que se sentía. Yo, y solo yo, era responsable. Era *mi* accidente. *Mi* novia. *Mi* conversación con Su Señoría. *Mi* llamada a la agencia de seguros para resolver el problema.

La conversación con mi padre fue el equivalente a lo que habría dicho Charlie Nicklaus: «No es mi juego, hijo; es el tuyo». Esta es la otra cara de la libertad en la Cuarta Esquina. Las relaciones de Cuarta Esquina no solo nos dan libertad, *sino que también exigen que asumamos nuestra responsabilidad*.

CÓMO LIDIAR CON EL ASUNTO

Una vez escuché al exsecretario de estado, Colin Powell, hablar en una reunión de liderazgo, y contó una historia que resume el balance entre la libertad, sentido de propiedad y responsabilidad. Cuando todavía era asesor de seguridad nacional del presidente Reagan, su trabajo era reunirse con él en la Oficina Oval y hablarle de todos los focos de conflicto en el mundo por los que el presidente estaba preocupado. Mientras hablaba, dijo que Reagan no dejaba de mirar por la ventana. Después de un rato, Reagan dijo algo así como: «Oye, mira, ¡se las están comiendo!».

¿Qué? ¿De qué está hablando?, se preguntó Powell. Entonces se acercó a la ventana. Mientras Powell se estaba lamentando por todos los males del mundo, el presidente había estado observando las ardillas en el jardín comiéndose las bellotas que él había dejado para ellas por la mañana. Al recodar el incidente, Powell básicamente dijo que el mensaje del presidente fue: «Ese es *tu* problema».

Las relaciones de Cuarta Esquina no nos rescatan de tomar decisiones difíciles ni de las responsabilidades. En los negocios, por ejemplo, cuando su protegido comete un error la primera vez que lleva un proyecto y alborota las plumas de algunos miembros del equipo, usted no brinca a suavizar los problemas que el estilo de su protegido ha causado pero sí anima a este ejecutivo con menos experiencia a encontrar la solución y adaptar su estilo.

Al tratar con un adicto, una relación de Cuarta Esquina no requiere que intente detener físicamente a la persona para que no use la sustancia que esté abusando. Pero sí requiere que diga la verdad, y dejarle saber claramente que si continúa por su camino destructivo, tendrá que vivir con las consecuencias. El mensaje de una relación de Cuarta Esquina es: «No puedo sacarte de las dificultades creadas por tus decisiones, pero sí puedo exigirte que te responsabilices por ellas».

Definitivamente, los líderes no pueden desentenderse del todo del asunto. Cuando lo hacen es cuando algunos altos ejecutivos de grandes empresas, miembros de juntas de directores u otros ejecutivos se meten en problemas por descuido. Piense en Enron, en Volkswagen, en BP, etc. Obviamente, comunicar libertad y responsabilidad no es renunciar a las responsabilidades personales.

Hay que buscar un equilibrio donde se haga responsable al delegado sin interrumpirlo ni despojarle de su autoridad. Este es un aspecto de influencia muy importante en el liderazgo: exigir que las personas estén al mando de lo que le hemos asignado, y luego hacerlos responsables, con consecuencias. En Apple, se conoce a este tipo de persona como DRI (individuo directamente responsable, por sus siglas en inglés). Si el mercadeo de un producto no funciona, el DRI es la persona a quien el jefe puede llamar. Él o ella va a rendir cuentas.

Recientemente hablé con una líder a quien llamaré Melissa, a la que le encanta el trabajo que una diseñadora independiente (a quien llamaré Robyn) hace para su empresa. Robyn se ha convertido en una colaboradora importante de la empresa, así como en una buena amiga. Su trabajo es muy creativo y trabaja con una energía incansable. Pero este es el problema: Robyn siempre entrega tarde sus proyectos. A veces demasiado tarde. Y esto no ha sido bueno para Melissa ni para su equipo, quienes terminan haciendo malabares para compensar por los retrasos de Robyn. Melissa llegó personalmente a la conclusión de que la naturaleza de su relación con Robyn tenía que cambiar. A pesar de lo mucho que le gusta el trabajo de Robyn, ella reconoció: «Su manejo del tiempo y su incumplimiento con los plazos establecidos nos tienen donde no quiero estar. Nuestra empresa necesita alguien que entienda lo importante que es la puntualidad para nuestros clientes. Así es que voy a tener que decirle que voy a usar sus servicios en el aspecto creativo de los proyectos, pero voy a cancelar su contrato en lo referente a ejecución. Ella no puede trabajar con plazos. Así es que rescindiré su contrato en ese aspecto».

Mi nivel de respeto por Melissa ya era alto, pero al oírla, subió mucho más. Esta era una relación que ella apreciaba y que, en cierta manera, era una contribución importante a su empresa. Sin embargo, el incumplimiento de los plazos no estaba bien y tenía que hacer a Robyn responsable por ello. Tenía que ser sincera en ese aspecto. Lo hizo. Y fue una conversación difícil, pero Robyn no eludió su responsabilidad. Aceptó su problema. Dijo que tenía la tendencia a querer complacer demasiado y que eso la hacía aceptar plazos poco realistas. Lamentó haber prometido demasiado y cumplido tan poco. Y, también admitió con absoluta honestidad que no creía que fuera posible hacer mejor su trabajo si mantenía las mismas expectativas y responsabilidades.

A esto le llamo una relación de Cuatro Esquinas. La jefa la hizo responsable, y hubo consecuencias, todo en un espíritu de respeto y de ayudarse *mutuamente*. Robyn asumió su responsabilidad en la situación sin ponerse a la defensiva ni tomando el asunto como algo personal.

¿Cuál fue el resultado? *El dominio propio de Robyn aumentó.* Robyn aceptó el hecho de que no había asumido su responsabilidad por decir sí cuando debía decir no, y con tal actitud estuvo inmediatamente más en control de sí misma. La próxima vez que se enfrente a una situación similar, será más consciente y reconocerá su tendencia a prometer demasiado. Esto le dará la capacidad de evaluar las consecuencias de su respuesta, preguntándose: *Si digo que sí a esto, ¿podré cumplir con el plazo que me piden?* Gracias a su relación de Cuatro Esquinas con Melissa y la interacción provista, ahora será más responsable en sus decisiones y resultados. Estará en una posición de *escoger* un cambio de comportamiento si no quiere tener los resultados asociados con ello. Eso es dominio propio.

Piense por un momento cómo *pudo* haber acabado este incidente. Supongamos que Melissa hubiera cancelado el contrato de Robyn con una mera reprimenda. Los sentimientos habrían sido lastimados, pero el problema persistente de incumplimiento de plazos no se hubiera corregido. Sin la retroalimentación de Cuarta Esquina, que de manera directa, sincera y cuidadosa abordó los problemas de rendimiento, nadie se habría beneficiado, ni habría habido aprendizaje o crecimiento. Esa forma de abordar un problema —que en realidad no funciona—es demasiado común. Se produce en el trabajo, en las familias y en las amistades, y termina dejando la relación en peores condiciones, llenas de resentimientos, malentendidos, y, lo peor de todo, sin una oportunidad para que los participantes mejoren o se den cuenta de su potencial. (Véase el capítulo 11 sobre triangulación).

RENDIR CUENTAS Y LAS EXPECTATIVAS

Una de las palabras que oímos con más frecuencia en los círculos de productividad y resultados es *responsable*. A lo que muchas personas se refieren con esto es que alguien que es responsable tiene que rendir cuentas por algún resultado, decisión o conducta, con consecuencias.

Uno de los problemas que vemos con mayor frecuencia es que las conversaciones para rendir cuentas se dan en climas emocionales negativos, con estallidos tóxicos y vergonzosos. Oímos, por ejemplo: «¿Cómo pudiste hacer eso?» o, «¿Cómo permitiste que eso ocurriera?». (En realidad, estas son afirmaciones, no preguntas. Lo que quieren decir es: «¡eres un idiota!»). Con demasiada frecuencia, el rendir cuentas se resume en una fuerte reprimenda a alguien y ya sabemos lo que eso conlleva: división sin aprendizaje.

En las relaciones de Cuarta Esquina, el rendir cuentas es diferente. La responsabilidad que estamos analizando en este capítulo no implica castigo, vergüenza o alguna forma de enojo; lo que, por lo general, solo sirve para dar a las partes decepcionadas la oportunidad de expresar su ira o defender sus sentimientos.

La responsabilidad de Cuarta Esquina es un compromiso con lo que es mejor en tres niveles: (1) ambos o todos los individuos involucrados, (2) la relación o relaciones, y (3) los resultados. Hay algunos factores importantes en este tipo de rendición de cuentas que evita que tome la ruta de la vergüenza, sino que más bien impulsa un mayor rendimiento. El primero es la claridad sobre las expectativas acordadas, que han sido comunicadas y adoptadas por todos. En segundo lugar, el engranaje de esas expectativas es *anticipado* y *continuo*. Antes de que se haga o no se haga algo importante, todos conocen las expectativas y las estarán chequeando durante el proceso. No hay nada peor que descubrir que está en problemas cuando ni siquiera sabía que era responsable por algo.

Las relaciones de la gran Cuarta Esquina aumentan la responsabilidad mediante la prevención de sorpresas. Evitan tanto el «¿cómo pudiste hacer eso?», como el «¿cómo se supone que lo supiera?». Las buenas relaciones dependen de conversaciones honestas sobre lo que cada parte espera de la otra, por lo que todos conocen y comprenden las expectativas claramente. Después de eso, las partes se mantienen en contacto con esas expectativas para que no aparezcan sorpresas demasiado tarde como para hacer nada al respecto. Para llevar un avión hasta su destino, el piloto establece una altitud para el plan de vuelo y verifica el altímetro repetidamente para que no haya sorpresas que se descubran demasiado tarde. Del mismo modo, investigaciones en matrimonios exitosos han demostrado que las parejas que lo hacen bien efectúan controles con frecuencia, a veces varias veces en el día, lo que les permite permanecer al día. Esta necesidad no es diferente en el caso de equipos gerenciales y de relaciones de informes directos: mantenerse al día, sea lo que sea que signifique, y de la manera que sea necesaria.

Por otro lado, permita que cada cual haga lo que tiene que hacer. Hay una canción *country* de Dan Hicks que pregunta: «¿Cómo quieres que te extrañe si no te vas?». En cualquier tipo de relación, el control excesivo provoca que nuestro sistema emocional, relacional y biológico grite: «¡Sal de mi vista!». Tanto en las relaciones personales y como las profesionales, todos deben tener claro cuál es el equilibrio correcto, qué representa comunicación suficiente para mantenerse en contacto y qué es demasiado y sofocante.

La Cuarta Esquina requiere claridad en las expectativas que se tienen el uno para con el otro, antes de que sea tiempo para cumplir con esas expectativas, y también requiere mantenerse en contacto en forma permanente, en los intervalos apropiados. La claridad y la consistencia; el monitoreo y el ajuste, llevan a un mejoramiento real en el desempeño.

CONFRONTACIÓN Y
RETROALIMENTACIÓN

«La retroalimentación es el desayuno de los campeones», como dice Ken Blanchard. Todos sabemos eso, a lo menos en algún nivel. Pero en realidad la retroalimentación es a menudo difícil de dar y difícil de recibir, sobre todo si estamos viviendo en las Esquinas Uno, Dos, o Tres. En la Primera Esquina, no hay retroalimentación. En la Segunda Esquina, te hace sentir mal. En la Tercera Esquina, es deshonesta y, sobre todo, aduladora. He aquí algunos pensamientos acerca de la retroalimentación para ayudarle a llegar a la Cuarta Esquina.

En primer lugar, la ciencia de la retroalimentación nos dice que es *crucial* para el rendimiento. Sin ella, no se pueden lograr nuevos niveles de productividad, y ni siquiera ir más allá de los límites en los que se está. Usted tiene que saber si está haciendo su trabajo bien o mal para poder mejorar. Una de mis obras investigativas favoritas sobre el rendimiento es *Fluir: una psicología de la felicidad* (Kairós, 1997), por Mihaly Csikszentmihalyi, que señala que las mejores zonas de rendición se producen cuando hay una retroalimentación *inmediata*. Los alpinistaes, por ejemplo, entienden esto sin dificultad. Ellos saben rápidamente qué tan bien está funcionando lo que están haciendo, ¡quizás demasiado rápido! Mientras hagan algo que funciona, seguirán escalando; si no lo hacen bien, se exponen a una caída.

El cerebro necesita saber cómo están yendo las cosas para poder hacer ajustes y mejorar. Si usted se inclina a un lado, el oído interno le indicará que debe corregir ese desbalance. Al hacerlo, estará recibiendo retroalimentación. Si usted empieza a caer al escalar una montaña, la sensación de caer le hará reaccionar y rápidamente extender sus manos para asegurarse. Todo su sistema le ayudará. No espere para dar retroalimentación hasta que vea a alguien cayendo por un precipicio. Ofrézcala en el momento, mientras el alpinista todavía pueda hacer los ajustes necesarios. Y no espere a pedirla hasta que sienta la tierra deslizándose debajo de sus pies.

En segundo lugar, para que la retroalimentación sea útil, tiene que ser, bueno, *útil*. Esa es una forma en que las relaciones de Cuarta Esquina difieren de todas las otras. Primero, cuando usted se encuentra en la Cuarta Esquina, ya sabe que quien sea que le esté dando retroalimentación está *a su favor* y de *su* parte, como explicamos más arriba en los requisitos para rendir cuentas. Esa persona es su *aliado* y quiere que usted gane. El que da retroalimentación comparte un interés que a *usted* le vaya bien. Confío que cuando un médico me dice que tome un medicamento determinado, lo hace por mi bien y no intenta matarme, o simplemente pasarme la factura. Él tiene un interés compartido en mi salud. Él o ella se interesa por *mi* bienestar.

Todo esto sería maravilloso, ¿cierto? Por desgracia, gran parte de esa retroalimentación nunca llega, o si lo hace, es de una forma que no podemos procesar. Si estamos operando desde la Primera Esquina, desconectados y sin estar emocionalmente comprometidos con otros, realmente no estaremos recibiendo mucha retroalimentación que *sea* dirigida a nosotros. De hecho, la mayoría de las veces en la Primera Esquina estamos desacoplándonos de la retroalimentación por completo. Aislados y protegidos de diversas maneras, no dejamos que los demás se acerquen lo suficiente para que vean lo que realmente está pasando; no los animamos a que se expresen libremente. No hemos comunicado vulnerabilidad a la gente de una manera que les haga querer responder o ayudarnos. Nos mantenemos encerrados y escondidos.

Si estamos pasando nuestros días y noches en la Segunda Esquina, cualquier retroalimentación que oigamos nos hará sentir mal. Precisamente hoy tuve una experiencia dolorosa (¿no le parece oportuno?) con una empleada que le había dicho a otra persona que estaba teniendo problemas conmigo. Había dicho: «Siento que lo único que quiere es encontrar algo que yo haya hecho mal y gritarme por eso. He llegado al punto en que solo trato de hacer mi trabajo y permanecer fuera de su camino».

¡Uf! Estas no eran buenas noticias, para ella, para nuestro trabajo en equipo, para nuestra compañía, ¡y en especial para un tipo que escribe libros sobre la manera de evitar que situaciones como esas ocurran! Me sentí realmente sorprendido, consternado, y un poco confundido.

Así que la llamé y le dije que quería que habláramos. Le dije que la otra persona me había dicho lo que ella le había compartido y que quería saber por qué se sentía así. Le pregunté: «¿Qué he hecho para que sienta que quiero hacerle daño?».

Al principio, se mostró vacilante, probablemente porque le sorprendía que estuviera confrontando su preocupación en forma tan directa. Le aseguré que no estaba en problemas, y que más bien me apenaba que se sintiera de esa manera. Realmente quería saber lo que le estaba pasando. Y ella me lo dijo.

De verdad me sentí triste por la forma en que se sentía, y aunque no creía que hubiera hecho ni dicho para maltratarla, de todos modos, le pedí perdón. En algo, sin embargo, ella sí tenía razón. Aunque no le había gritado, le había presionado quizás excesivamente por lo que consideré un error suyo al no preocuparse de que ciertas cosas se hicieran a tiempo. Y no lo había hecho de la mejor manera. Así que me disculpé, ella dijo que eso le había ayudado a hablar, de modo que pudimos llegar a un buen lugar. Ese lugar era la Cuarta Esquina… un lugar de confianza mutua, sinceridad y responsabilidad. Una vez salimos de los sentimientos de dolor e inferioridad de la Segunda Esquina, ella vio las cosas de una manera diferente, y yo también.

Sin embargo, recuerde algo, mi confesión de haberla criticado de una forma inadecuada no era todo lo que teníamos que hablar. Yo todavía tenía que comunicarle las razones por las que no había estado contento con su desempeño. Esa es la segunda parte de una relación de Cuarta Esquina. No basta solo con crear un clima confortable, donde todo sea risa y alegría. Tiene que incluir una retroalimentación constructiva basada en la realidad. Sin duda, yo quería que ella se sintiera bien. No obstante, yo seguía sintiéndome insatisfecho con su desempeño, sin importar cómo hubiera comunicado mi disgusto. Así que después que regresamos a la Cuarta Esquina, le pregunté: «¿Podemos encontrar alguna manera en la que, cuando le deje saber que algo no me gusta no se convierta en una incomodidad entre nosotros? No quiero que se sienta como si la estuviera regañando. Y, al mismo tiempo, necesito sentir que puedo decirle lo que necesito de usted para que todo marche mejor. Hablemos sobre la mejor manera en que puedo hacer esto, ¿le parece?».

Tuvimos una excelente conversación, y ahora estamos en un lugar diferente. Había dos lecciones que aprender en relación con este tema. En primer lugar, *tenía* que decirle que ella no había sido la persona de la Cuarta Esquina que yo quería que fuera: en mi equipo y que viniera directamente a mí si algo iba mal. Quería que supiera que si yo hacía algo que ella no veía bien, *quería que viniera a verme y me lo dijera*. (Véase el capítulo 11, «El Triángulo de las Bermudas de las relaciones»). Si no hablamos directamente unos con otros, entonces nos alejamos de la Cuarta Esquina, y nos adentramos en una relación desconectada, deprimente o superficial. Ella reconoció que no había hablado conmigo directamente como debió de haberlo hecho, y se comprometió a hacerlo la próxima vez que yo cometiera un error.

Sin embargo, no podía dejar que el asunto del buen desempeño que me había estado molestando lo pasáramos por alto sin tocarlo. Al no hacer lo que yo necesitaba que se hiciera, ella *no había* estado a la altura de nuestros estándares de rendimiento. Yo necesitaba que ella hiciera mejor trabajo de lo que estaba haciendo. Si íbamos a estar verdaderamente en la Cuarta Esquina, tendría que decirle la verdad y asegurarme de que ella lo oyera. No la quería regañar ni hacer que se sintiera mal, pero no podía seguir descontento por la forma en que me estaba fallando, ni podía quedarme atascado en ese punto y frustrado por no poder decirle nada sin que ella se sintiera maltratada. Yo necesito que ella haga bien su trabajo, y cuando no lo hace, necesito decírselo y que arregle el problema. Las personas en relaciones de Cuarta Esquina se cuidan mutuamente, son sinceras y solucionan problemas.

La Cuarta Esquina exige esas tres características: *cuidado, sinceridad y resultados*. Cuidado en lo que decimos para que nadie se sienta herido o afectado; sinceridad al hablar directamente con la persona y un enfoque en el cambio de actitud y mejores resultados. Recuerde estos tres aspectos de la rendición de cuentas: los individuos, las relaciones y los resultados.

Los negocios, el matrimonio, las amistades, los equipos de trabajo, la cultura, la salud y la vida demandan, por igual, estos tres elementos. Debemos estar abiertos y capacitados para recibir la retroalimentación, escucharla, y activarla con el fin de desarrollar el dominio propio que lleva a un gran desempeño. Usted *nunca* va a llegar al siguiente nivel si no puede adoptar la retroalimentación sobre su desempeño en el nivel en el que se encuentra. El entrenador de ejecutivos Marshall Goldsmith pone esto acertadamente en el título de uno de sus libros: *Un nuevo impulso.*. El que pueda llegar al *siguiente* nivel solo ocurre cuando usted está abierto a la retroalimentación y sabe cómo usarla. Por otra parte, sucede solo cuando en realidad usted está *recibiendo* retroalimentación; cuando alguien le está diciendo la verdad. No podemos cambiar lo que no sabemos que tenemos que cambiar.

La Primera Esquina no está recibiendo retroalimentación en absoluto. La Segunda Esquina la está recibiendo sin cuidado y, probablemente, sin precisión, ya que la otra persona siempre tiene un estándar que es, de alguna manera, inútil o inalcanzable. En la Tercera Esquina, solamente se permiten las palmaditas de hombro y los halagos. Solo la Cuarta Esquina proporciona tanto el cuidado como realidad en forma de información útil y procesable. Cuando conseguimos eso, nos ayuda a desarrollar el dominio propio y la conciencia de que *podemos* hacerlo mejor. *Estamos* en control de los resultados.

Examinemos con más profundidad varios factores que hacen que funcione la retroalimentación de la Cuarta Esquina.

EL CEREBRO Y LA RETROALIMENTACIÓN

¿Alguna vez le han gritado, reprochado o regañado cuando alguien, supuestamente, intentaba ayudarle a hacer algo mejor? ¿Recuerda cómo se sintió? Por supuesto que lo recuerda: horrible, avergonzado, temeroso, ansioso, triste, furioso y acorralado. ¿Qué le impactó más en aquel momento? ¿La retroalimentación en sí, o cómo se sentía sobre el asunto, hacia la otra persona, o hacia usted mismo? Sin duda se identificaba más con *cómo* se sentía —horrible— que con lo que le estaban diciendo. Usted ya no se estaba enfocando en el problema real; en lo que era verdaderamente importante.

Hay una razón para eso. En momentos de tanta carga emocional, la parte del cerebro que llama a la acción se llama la amígdala. Ciertos químicos son liberados que interfieren con el aprendizaje. Amenazas de cualquier tipo pueden desencadenar una reacción de rechazo que no se centra en absoluto en el aprendizaje, sino solo en la protección de uno mismo. De ahí la expresión de «yo no fui» en la cara de un adolescente cuando se le regaña. En esos momentos, una dosis de adrenalina inunda nuestro cerebro, produciendo ansiedad, y nos quedamos, literalmente, en blanco. Cuando adoptamos una actitud de rechazo, no podemos absorber la retroalimentación y mejorar nuestro dominio propio y aprendizaje. Para aprender y crecer tenemos que aceptar de buena gana la retroalimentación. En mi libro *Integridad* (Vida, 2008), hablo sobre la importancia de que los líderes «acepten las realidades negativas». Esto es esencial. Pero piense en esto: ¿a quién *preferiría* aceptar, a alguien que le está gritando o a alguien que le está sonriendo?

Los estudios han demostrado que, en una proporción de uno a cinco, el cerebro responde mejor a los mensajes de retroalimentación positivos que a los negativos. En el campo de los negocios, la proporción es seis a uno. Los mejores desempeños consiguen una proporción positiva de casi seis a uno sobre una retroalimentación negativa, pero en el caso de los desempeños más pobres es casi exactamente lo contrario, una proporción de uno a tres. Las personas que se desempeñan mejor escuchan una proporción de seis mensajes positivos por cada uno negativo mientras que los peores desempeños registran tres veces más mensajes negativos que positivos. No hay duda que lo negativo es necesario. Necesitamos saber cómo ser mejores, pero en la proporción y el tono adecuados para que el cerebro los use.

Piense en cómo este balance actúa, por ejemplo, en los deportes. Un gran golfista como Nicklaus necesita retroalimentación de los músculos de su brazo si el balanceo del palo está fuera de curso. Ellos, es decir los músculos, no deberían «sentirse bien» cuando el balanceo está desviado. ¿Pero qué pasaría si cada vez que hiciera oscilar el palo en una cierta manera experimentara *el dolor de un pinchazo en el antebrazo*? Probablemente después de un rato y sin darse cuenta de ello empezaría a evitar esa posición y a expresar su disgusto por cada vez que no la evitó. Su desempeño empeoraría. Tendría miedo hasta de moverse. Si estamos experimentando un dolor emocional o físicamente destructivo, no podemos lidiar con otra cosa que no sea ese dolor. Así funciona nuestro cerebro en respuesta al dolor emocional de una retroalimentación poco compasiva o una amenaza a su seguridad. Como demuestran las investigaciones, aparentemente el cerebro necesita una gran cantidad de amor, seguridad y buenos sentimientos para ser capaz de manejar y usar las opiniones negativas. Si voy a apropiarme de mi juego, no puedo asumir una postura defensiva, listo para reaccionar. Es importarte recordar esto cuando usted es el receptor de la retroalimentación, pero también es crítico si usted es quien la está ofreciendo.

Cuando llamé a mi padre para contarle lo del accidente del coche, él no me gritó. En realidad, parecía algo divertido con mi historia, una vez confirmó nadie había resultado herido. Sin embargo, su retroalimentación me dejó saber que aquel era «mi juego». No vino en mi rescate, y la interacción emocional no se interpuso de manera que me impidiera ver mi problema. No me dijo: «Eres un idiota. ¿Así es como piensas ir a conocer a los padres de tu novia? Sabía que no debimos haberte permitido hacer ese viaje». Si me hubiera hablado de esa manera, ¿qué clase de reacción habría producido en mí? Probablemente hubiera pensando que tenía un imbécil por padre o lo estúpido que yo era por haber tenido ese accidente. Pero, como no lo hizo, pensé en los problemas *reales*: un accidente y un mal comienzo de la relación con el padre de mi novia. Eso requería crecimiento, y mi padre había producido una oportunidad para ello por la naturaleza de la retroalimentación que me ofreció.

Los estudios de los circuitos del cerebro han demostrado que las nuevas capacidades se incrementan cuando tenemos que lidiar con un problema nosotros mismos en lugar de escuchar a alguien diciéndonos cómo solucionarlo u observar a alguien hacerlo por nosotros. Recordamos aproximadamente entre un diez y un veinte por ciento de lo que leemos, oímos o vemos, y un ochenta por ciento de lo que experimentamos en un proceso de aprendizaje. Cuando alguien nos proporciona retroalimentación que nos deja con la capacidad de enfrentar el problema nosotros mismos, aprendemos.

Otras investigaciones también han demostrado que somos capaces de retener un mayor enfoque, tener una mejor concentración, pensar con más claridad, y procesar mejor la información cuando no estamos experimentando emociones negativas. Ellas simplemente se interponen. Las partes de mayor desempeño del cerebro se ven marginadas cuando estamos experimentando emociones negativas, y las partes más reaccionarias entran en acción.

ALGO QUE SE PUEDE USAR
Y LLEVAR A LA ACCIÓN

Una joven me dijo:

—Tengo un problema con mi novio.

—¿De qué se trata? —le pregunté.

—Quiero que se conecte más conmigo —respondió—. No me siento conectada a él.

—Eso no está bien. ¿Qué ha hecho al respecto?

—Se lo dije.

—¿Qué le dijo?

—Le dije que quería que se conectara más conmigo.

—¿*Eso* le dijo? ¿Realmente le dijo eso a ese chico? ¿Que quiere que se conecte más?

—Sí. ¿Qué hay de malo en eso? —preguntó, sorprendida por mi reacción.

—Bueno, ¿y funcionó? —le pregunté.

—No. Todo ha seguido igual. Él no ha hecho nada diferente.

—¿Y qué se suponía que hiciera diferente?

—¡Pues, conectarse!

—¿Y cómo? ¿Cómo se supone que lo haga? —le pregunté—. La conexión es el resultado de hacer algunas cosas específicas. ¿Cómo se supone que reaccione a la petición de «conéctate más conmigo»? Él probable no tiene idea de cómo hacer eso. Apuesto que sus ojos se pusieron vidriosos.

—Entonces, ¿qué se supone que haga? Pensé que estaba tratando de ponerlo al tanto de mis necesidades de una manera vulnerable y buena.

—Lo entiendo y parece que lo hizo. El problema es que cuando alguien no está haciendo algo, tal vez sea porque no sabe cómo hacerlo. Así que hablarle del resultado que usted quiere no les ayuda. Tal vez podría decir: «Me gustaría que nos encontráramos después del trabajo, un par de noches a la semana y fuéramos a pasear... sin distracciones, solo para compartir lo que nos ha ocurrido durante el día y hablar de cómo nos va». Apuesto que le diría: «Claro, me encantaría».

La diferencia, le expliqué, es que esta sugerencia se puede llevar a la acción; es algo específico que a usted le gustaría que él hiciera o dejara de hacer. Él puede controlar la posibilidad de sacar tiempo para ir a dar un paseo, pero no puede controlar que usted se sienta «conectada».

Ella estuvo de acuerdo. En esta interacción, yo hice lo mismo con ella. No le dije que solo fuera de alguna manera «diferente» o que no le hablara así a su novio. Le ofrecí retroalimentación específica.

CONSECUENCIAS Y DOLOR

Las relaciones de Cuarta Esquina no nos rescatan. Nos hacen responsables de nuestro desempeño. Hay normas y hay consecuencias. Pocas cosas afectan más la cultura de un equipo que premiar o pasar por alto el desempeño pobre. Al hacerlo, le dice claramente a la persona con bajo rendimiento: «Lo que hace es suficientemente bueno»; mientras que a los demás les dice: «Sus esfuerzos para alcanzar la excelencia, sus cuidados y su diligencia no tienen ningún valor».

Jim Blanchard —exdirector de la junta de AT&T y alto ejecutivo de Synovus Financial por treinta y cinco años— fue destacado en 1999 por la revista *Fortune* por haber hecho de Synovus «el mejor lugar para trabajar en Estados Unidos». Synovus fue una de las pocas empresas incluida en el Salón de la Fama de *Fortune*. Le pregunté a Blanchard cómo había hecho para que su compañía llegara a la parte superior de estas clasificaciones. Me dijo que siempre ha visto la cultura de la empresa como algo tan importante como el plan de negocios.

Antes de este reconocimiento, ocurrieron muchas cosas importantes. Los líderes establecieron los valores y normas de conducta que la empresa presentaría —cuidar, respetar, apreciar, capacitar y ayudar a los empleados— y tomaron muy en serio el responsabilizar a cualquier persona que no estuviera a la altura de esos valores culturales. Blanchard dijo dos cosas que me parecieron muy importantes. Primero, los líderes prometieron que nunca le asignarían un jefe a otra persona que no se asignarían a ellos mismos. La otra fue que no tolerarían que nadie fuera maltratado, intimidado, o abordado de una forma que no fuera respetuosa y solidaria.

También les dijo a todos sus empleados que, si eran maltratados por algún jefe, debían tratar primero el problema con el jefe, pero si no llegaban a un acuerdo, que lo vieran a él. Blanchard les dijo que si él no cumplía con estos compromisos, entonces no tendrían ninguna razón para creer cualquiera otra cosa que él les dijera.

¿Por qué era tan importante este acuerdo? Porque hizo muy claro y específico el comportamiento que se esperaba de cada uno. Porque hizo claro que era responsabilidad de todos crear una cultura sana con los valores que habían acordado aplicar. Aquellos ejecutivos y supervisores que no aceptaran tales normas o no se pudieran ajustar a ellas simplemente se les consideraría no aptos para trabajar en *Synovus*. Durante los siguientes dos años, unos doscientos dirigentes salieron de *Synovus*. Algunos por jubilación. Algunos recibieron adiestramiento y consejería, pero no pudieron adaptarse a los requerimientos culturales. Otros lo intentaron y tuvieron éxito en la transición. A algunos simplemente se les pidió que se fueran. Algunos se fueron voluntariamente porque decidieron buscar otro ambiente. Sin embargo, en definitiva, se consiguió una mejora dramática en calidad del liderazgo y en el ambiente de trabajo. Esa es la marca de una cultura de verdadera responsabilidad y rendición de cuentas. Valió la pena.

En primer lugar, se puso a todo el personal en control de sí mismos. Si alguien estaba tratando mal a otro, tenía una opción: mejorar o irse a otro lugar más apropiado para ese estilo. Ese tipo de claridad conduce a un mayor dominio propio. Algunos lo ejercieron; otros optaron por no hacerlo. Una vez que todo el mundo entiende los estándares que deben cumplirse y ve lo que sucede cuando no se cumplen, una retroalimentación positiva impulsa a un mayor aprendizaje y crecimiento y produce nuevos niveles de rendimiento.

No hay libertad sin responsabilidad y, por lo general, esta verdad se toma en serio solamente si hay consecuencias por *no* tomarla. Una norma sin consecuencias es una fantasía, un deseo, o una sugerencia, no una norma. Y las consecuencias que no implican ni dolor ni pérdida no son en absoluto consecuencias. Las verdaderas implican que, si no cumplo con las normas establecidas, me pierdo algo importante. De lo contrario, vamos a la deriva.

En una conexión de Cuarta Esquina, se debe exigir el cumplimiento de las normas. Ellas crean una barrera protectora que mantiene el sistema, la relación o la cultura saludables. Si usted permite el mal comportamiento, el sistema entero sufre. Como me dijo Jim Blanchard: «Las personas que violan los valores realmente necesitan estar en otro lugar. Si no, van a arruinar lo que se está tratando de lograr».

Desafortunadamente, todos hemos visto que esto ocurre. Un profesor que permite a un alumno que interrumpa constantemente la clase. El jefe que permite a un miembro del equipo hacer la cultura divisiva o difícil. La familia que permite que una persona arruine la reunión. Enfrentar la realidad puede ser doloroso y difícil, pero las consecuencias de no hacerlo son siempre mucho peores.

PRÁCTICA Y LA RETROALIMENTACIÓN

La mielinanización es uno de los motivadores más grandes que puedo imaginar para obtener retroalimentación. La mielinanización es el proceso por el cual el cerebro aumenta su capacidad y velocidad para enviar señales a través de los circuitos mediante el crecimiento de la mielina, un tejido adiposo especializado que se encuentra alrededor de las fibras nerviosas. Esto acelera el procesador. A mayor cantidad de mielina, mejor pueden conducir las señales los circuitos. En pocas palabras, mientras más practicamos, más repetimos algo, más mielinanización ocurre y los conductores para ese comportamiento se fortalecen. La práctica conduce a la perfección. O, como dice Malcolm Gladwell en su libro *Outliers* (Little, Brown, 2008), diez mil horas de práctica *deliberada* son la clave para el dominio. Aunque los investigadores discuten sobre ese número, no existe duda alguna con respecto a la práctica. El cerebro la necesita.

No obstante, a pesar de lo mágica e importante que es la mielinanización, no garantiza por sí misma que vamos a aprender y a crecer a través de la repetición. Este es un proceso agnóstico, que hace lo propio ya sea que estemos creando experiencias productivas o destructivas. Sin embargo, no puede mejorar las conexiones para unas experiencias y para otras no.

Por eso es tan importante la combinación de retroalimentación *y* la práctica deliberada. No es solo una cuestión de hacer oscilar el palo de golf por diez mil horas; es hacerlo con la retroalimentación de los entrenadores, a partir de sus resultados, y de la exposición a diferentes técnicas (y no se olvide del talento). La repetición crea la red de circuitos, pero es la retroalimentación constructiva la que crea los patrones positivos que queremos repetir y reforzar. Si estamos haciendo algo que no es útil para nosotros o para otros, necesitamos saberlo *rápidamente, antes de que se convierta en un patrón*. Por eso, cuando mis hijas estaban aprendiendo a jugar golf, trabajé con ellas desde el primer día para que no se arraigaran malos patrones que luego serían muy difíciles de cambiar. Solo la retroalimentación puede hacer eso.

Busque una retroalimentación de Cuarta Esquina que le ayude a alcanzar un crecimiento y éxito de largo plazo. Una vez que usted sepa lo que es útil y bueno, puede prestar aún más atención a esa conducta. Esa afinación crea también nuevos circuitos cerebrales. La retroalimentación provoca una gran cantidad de cosas buenas, además de evitarnos la formación de patrones de desempeño pobre en primer lugar. Mejor aún, nos puede guiar a repetir lo que es útil una y otra vez hasta que se convierta en parte de lo que somos.

LIBERTAD, RESPONSABILIDAD Y AMOR

Al momento de escribir estas líneas, mis dos hijas tienen trece y catorce años de edad. Son increíbles. Nunca me imaginé lo divertidas que serían. He escuchado a mucha gente decir: «Ah, ¿entrando en la adolescencia? ¡Lo siento!». O algo igual de pesimista, pero esa no es mi experiencia.

Hace poco, iba a salir de viaje y fui a recortarme. El barbero que me atendió me dijo:

—Yo también tengo una hija adolescente.

—¡Fantástico! ¿Qué edad tiene? —le pregunté.

—Dieciséis.

—¿Dieciséis? ¿La están pasando bien juntos?

—No, todavía no —me dijo, algo serio.

Lo siento, pensé.

Sé que puede ser un tiempo tumultuoso, y que no todo será un lecho de rosas. Pregúnteme dentro de diez años y ore por mí en el ínterin. No me hago ilusiones acerca de hacer esto perfectamente, pero sigo siendo optimista. Realmente son muchachas maravillosas.

Sin embargo, en parte porque soy un psicólogo y en parte por las palabras de advertencia de muchos, decidí que probablemente era el tiempo para una conversación formal con ellas. Les hablé sobre una de mis fórmulas favorita: libertad = responsabilidad = amor. He aquí un resumen de lo que les dije:

«Niñas, se están convirtiendo en adolescentes. Es una etapa emocionante. Y una de las razones es porque se están volviendo más y más independientes. Eso significa que van a hacer muchas más cosas por su cuenta, y van a querer la libertad para hacer esas cosas. Así que quiero que entiendan algo.

»Mi deseo más profundo es darles toda la libertad que desean. No tengo intención de controlarlas, manteniéndolas con una correa corta. De hecho, quiero lo contrario. Quiero que estén en control de ustedes mismas y tengan tanta libertad como les sea posible. Así es como funciona esto. Es una fórmula. La cantidad de libertad que van a tener va a ser igual a la cantidad de responsabilidad que van a asumir cuando la tengan, y esa responsabilidad deberá ser medida por el amor. Las decisiones que hagan, por las que van a tener que responsabilizarse, tendrán que ser amorosas. Deberán ser buenas para los demás y buenas para ustedes mismas. Sus decisiones no deberán dañar a nadie de ninguna manera: ni a ustedes ni a ninguna otra persona. Esa es su guía a la responsabilidad. Si son responsables de esa manera, guiadas por el amor, van a tener más y más libertad. Toda la que ustedes quieran, siempre y cuando siga la fórmula: libertad = responsabilidad = amor.

»Si no son responsables con la libertad que les doy, si hacen cosas que no son buenas ni para ustedes ni para otros; cosas que no son amorosas, su libertad quedará limitada a ese mismo grado. Dependerá totalmente de ustedes cuánta libertad van a tener durante sus años de adolescencia. Demuéstrenme que pueden ser responsables con su libertad y la conseguirán. ¡Esto hará que mi vida y la de ustedes sean muy divertidas!».

Estoy seguro de que, en algún momento, ellas van a querer probar esos límites, pero si puedo asegurarme de ser un padre de Cuarta Esquina; apoyándolas, ofreciéndoles retroalimentación, dándoles libertad y exigiendo *responsabilidad con ella*, es lo mejor que puedo hacer.

Creo en esta fórmula. Quiero que prevalezca en todas las relaciones que tenemos, así como en todos los negocios en que estemos involucrados. Piense en lo que es posible cuando cada persona tiene el combustible, la libertad y la responsabilidad para elevarse a alturas cada vez mayores.

CAPÍTULO 8

CÓMO QUITARLE LOS COLMILLOS A LA BESTIA

En el capítulo 5, le conté sobre uno de mis momentos más oscuros en el mundo de los negocios. Cuando más deshecho y desalentado me encontraba, uno de mis héroes-mentores me llamó. Su bondad y empatía hicieron que me sintiera menos solo en aquel momento. Sin embargo, aquella conexión de Cuarta Esquina también me ayudó a enfrentarme con algo más: la sensación real de estar en las garras del fracaso. *Mi* fracaso. Sabía que las cosas habían salido mal por *mi* culpa. Fui yo el que cometí el error tan estúpido. Había sido yo el que había pensado que me iba bien, pero sin contar con los medios para saber que no era así.

¿Cómo podría enfrentar la sensación de ser un *perdedor*? Los «colmillos» de la bestia que me estaban matando eran sentimientos de juicio, fracaso, culpa, vergüenza, y condenación por no haber alcanzado el estándar por el que me juzgaba a mí mismo. De verdad, verdad lo había fastidiado todo y los triunfadores no hacen eso.

¿O lo hacen?

Lo que realmente me liberó para seguir marchando adelante y finalmente superar el fracaso fueron las palabras: «Bueno, todos hemos cometido ese error». ¿Pero por qué? ¿Por qué fueron estas seis palabras la clave que me ayudaron a no solo recuperarse, sino a mejorar?

ESPIRALES DESCENDENTES

Como psicólogo, le puedo decir que cuando estamos en un estado crítico negativo, el cerebro, la mente, el espíritu y el alma caen en picada. Nuestros cerebros experimentan estados químicos que crean un océano tóxico de autorecriminación. El cerebro no está rindiendo de la mejor forma posible, resolviendo problemas o desarrollando una serie de otras capacidades que necesitamos para vencer. El ciclo continúa, llevándonos más y más profundo en un estado de depresión que agota la energía y nuestra capacidad de pensar de manera diferente. Sin embargo, romper el patrón requiere más que un hombro sobre el cual llorar. Requiere *quitarle los colmillos al fracaso*. Eso fue lo que hizo la afirmación de mi mentor-héroe: «Bueno, todos hemos cometido ese error». Normalizó el fracaso.

Que alguien tan exitoso y admirable como mi amigo hubiera

estado parado exactamente donde yo me encontraba me ayudó a confrontar los estándares poco realistas que estaba usando para condenar mi desempeño. Con su ayuda, no tendría que temer más al fracaso; pude ver que no fallar nunca no era el blanco al que debía apuntar; el objetivo era seguir avanzando, buscar nuevas oportunidades, sin evitarlas por miedo al fracaso. En otras palabras, el fracaso debe verse simplemente como otra manera de ponerse en el camino ganador. Como me dijo, ellos (los ganadores) «todos ya han estado allí».

Desde el principio de los tiempos, los seres humanos han luchado con un viejo dilema: la tensión dinámica entre cómo deben ser las cosas y cómo son en realidad. Dónde quiero estar y dónde realmente estoy. Esto es lo esencial: *los individuos con alto desempeño resuelven ese dilema de maneras muy, muy distintas al de las personas a las que ellos consistentemente superan en desempeño.* ¿En qué manera? Básicamente así: ellos se alimentan de la posibilidad de hacerlo mejor en lugar de sentirse derrotados. Cuando son confrontados por el fracaso, se inspiran para seguir intentándolo; no se juzgan a sí mismos por errar el blanco. Su deseo y esfuerzos no son minimizados o apabullados por el fracaso. Esa es la diferencia en su desempeño. Una vez más, sin embargo, esto no es solo una cuestión de fuerza de voluntad individual. Las investigaciones confirman que es «el poder del otro», por decirlo de alguna manera, lo que nos ayuda a experimentar el fracaso como un medio para perfeccionarnos; como una oportunidad para *mejorar*. Piense en esto. Bastó una conversación para que mi orientación psicológica, fisiológica, emocional, motivacional e intelectual cambiara. Mi mentor había reformulado el objetivo como algo que estaba vivo, algo a lo que todavía podía aspirar; no algo que fue y ya, algo de vida o muerte. Y a través de la interacción con él y con los demás, internalicé esa idea y me apropié de ella.

Por supuesto, ya entendía la idea, intelectualmente. Todos lo hacemos, pero cuando los colmillos nos tienen agarrados, se siente muy real; es difícil ver el fracaso como una situación temporal. Necesitamos la ayuda del «otro» para internalizarlo.

De hecho, las investigaciones neurológicas demuestran que una expresión facial de desaprobación —una que indique una evaluación negativa—, le dice al cerebro que usted ha hecho algo socialmente indeseable y que sus relaciones pueden estar en peligro. En lugar de centrarse en las posibles soluciones, nos sentimos abrumados por el miedo al rechazo, por la inseguridad y el eventual fracaso. Obviamente, cuando estamos sumidos en este tipo de sentimientos, es poco probable que podamos darnos cuenta de, y mucho menos visualizar, fallas objetivas en el desempeño. (Ver Lisa J. Burklund, Naomi I. Eisenberger, y Matthew D. Lieberman, «The Face of Rejection: Rejection, Sensitivity, Moderates Dorsal Anterior Cingulate Activity to Disapproving Facial Expressions», PubMed, www.ncbi.nlm.nih.gov/pubmed/18461157). Los colmillos de la bestia lo tienen atrapado, y usted está más preocupado por su seguridad relacional que por resolver el problema. Cuando su cerebro detecta que una función importante en creatividad y desempeño podría ser mejor, usted lo quiere pensando cómo mejorar, no cómo evitar ser rechazado, sintiéndolo como un fracaso, o como que se lo están gritando. Por eso, es importante tener una perspectiva externa de alguien que está a nuestro favor en la Cuarta Esquina. Al igual que un piloto veterano que sabe cómo llevar su avión lleno de pasajeros con seguridad a través de turbulencias, nuestras relaciones de

Cuarta Esquina nos muestran cómo ir más allá de sentimientos de desesperación e impotencia hacia nuevas posibilidades. Fue lo que mi amigo hizo por mí.

En todo lo que hacemos, ya sea como líder de negocios, padres, atleta aficionado o como cónyuges, dos realidades existen simultáneamente: donde nos *encontramos* en cualquier momento dado, y dónde *queremos estar*. El espacio a negociar entre estos dos estados es la *brecha*. No podemos evitar la brecha, pero sí podemos decidir cómo vamos a abordarla o, como dicen en las estaciones del metro de Londres: cómo nos vamos a *ocupar* de ella. ¿Se convertirá en motivación o derrota? ¿La usaremos como una guía para saber cómo mejorar o como juez de lo mucho que estamos fallando? Examinemos cómo una de las compañías de más alto rendimiento en la industria del cine navega la distancia entre estas dos realidades.

LA HISTORIA DE PIXAR

Con mega éxitos como *Buscando a Nemo, Toy Story* y *Monsters, Inc.*, Pixar —bajo la tutela de su director general, Ed Catmull— ha sido pionera en una forma de narración que es un éxito tanto en su aspecto artístico, como comercial. No es de extrañar que Pixar atraiga a los mejores talentos del mundo, pero podría ser una sorpresa descubrir que también ha construido una sofisticada cultura relacional de Cuarta Esquina, lo que puede ser extremadamente difícil cuando se trata de personalidades artísticas. Parte de esa cultura se basa en la premisa de que el fracaso es más que aceptable; es bienvenido. En mis propias palabras, Catmull y sus colegas han creado una cultura de Cuarta Esquina «quitándole los cosmillos a la bestia del fracaso».

Como dice Catmull en su libro, *Creatividad, S.A.*: «Lo que hace especial a Pixar es que reconocemos que siempre vamos a tener problemas, muchos de ellos fuera del alcance de nuestra vista; que nos esforzamos para descubrir, incluso si cuando lo hacemos nos incomodamos a nosotros mismos; y que, cuando los encontramos, invertimos todas nuestras energías para resolverlos. Esto, más que cualquier fiesta elaborada o estación de trabajo con torretas, es la razón por la que me encanta llegar cada mañana a mi trabajo. Es lo que me motiva y me da un sentido definido de misión».

Pixar no anda patrullando errores, pero sí trata de erradicar las actitudes negativas, y las estructuras y comportamientos contraproducentes. Catmull y sus colegas reconocen que la creatividad requiere una cultura de seguridad y que Pixar tiene que ser intencional en la creación de tal cultura. «He invertido casi cuarenta años pensando cómo ayudar a personas inteligentes y ambiciosas a funcionar juntas y eficazmente. Según lo veo, mi trabajo como gerente es crear un ambiente fértil, mantenerlo saludable, y estar pendiente de las cosas que atentan contra ella».

La cultura «fértil» que Catmull describe crea un ambiente seguro donde las personas saben que no siempre tienen que ser perfectas ni siempre tienen que hacerlo bien; pero también ofrece los procesos y estructuras que en última instancia garantizan resultados extraordinarios. Y aquí es donde todo se complica. Las culturas saludables necesitan crear esos ambientes seguros para las personas, pero también tienen que asegurarse de que las personas no se sientan muy cómodas. Las culturas saludables aceptan a las personas tal cual son, pero también les estimulan, y a veces hasta las *empujan* para ser mejores.

Catmull también describe la creación de ciertas reglas que preservan la seguridad psicológica e inspiran al equipo a mejorar. Él normaliza el proceso reconociendo que, en las etapas iniciales, «todas nuestras películas son una porquería... Me encargo de repetirlo a menudo, y escojo esas palabras porque decirlo de una forma más sutil no transmite lo malas que realmente son las versiones iniciales de nuestras películas». Luego entonces, trata con la brecha entre «porquería y éxito». Al hacerlo así, ayuda a su talentoso equipo a ver que existe un proceso para cerrar la brecha; un camino que los llevará de donde están en ese momento hasta donde quieren llegar.

¿Cómo creó Catmull este tipo de seguridad relacional? Primero, se enfocó en la creación de una cultura de pares, sin jefes. Eliminó todos los signos de jerarquía en las reuniones creativas, sustituyó las mesas de conferencias y las tarjetas de ubicación por butacas cómodas, para reforzar el sentido de que todo el mundo es igual y está al mismo nivel. Segundo, insistió en que todo el mundo tuviera un interés personal en el éxito de cada película. Y por encima de todo, la película tenía que ser buena. No se trataba de si los individuos lucían bien o parecían más inteligentes que los demás. Tampoco se trataba de triunfos individuales; se trataba de hacer la mejor película posible.

Por último, creó una cultura de reciprocidad; de dar y recibir. Él requería que su equipo «diera y escuchara buenas notas», o retroalimentación. Me encanta el énfasis en «dar y escuchar»; sin reprimirse al ofrecer la retroalimentación y también ser capaz de recibirla. Ambos aspectos son importantes. Su enfoque en escuchar implica *receptividad* en el otro extremo. Por un lado, el remitente no debe disparar, pero tampoco el receptor debe estar a la defensiva. En las relaciones de Cuarta Esquina necesitamos estar abiertos a recibir, pero al mismo tiempo, la retroalimentación que recibimos debe ser «admisible»; es decir, que no sea ni injuriosa ni ofensiva. Como muestran las investigaciones en neurociencia, no podemos absorber la retroalimentación cuando estamos atrapados en los colmillos del miedo y del fracaso.

Hace poco, tuve una experiencia en una reunión informal con el equipo ejecutivo de una empresa en el campo de la tecnología donde este dilema se presentó en primera fila. Un miembro del equipo joven, brillante y de menor antigüedad recibió algunos comentarios sobre un plan que él había escrito de uno de los miembros principales. Al miembro principal simplemente no le gustó el plan. Y ella se lo dijo, obedeciendo uno de los valores clave que el equipo había establecido como grupo.

El receptor de esta retroalimentación se molestó inmediatamente, se puso a la defensiva, y el tono de la reunión cambió. Podía sentirse. Aunque continuaron discutiendo el plan, había una tensión fría en una reunión que hasta ese momento había transcurrido en un clima cordial. El lenguaje corporal y su tono al hablar delataban al joven. Finalmente, detuve la discusión y dije:

—Un momento. Vamos a hablar de lo que está pasando aquí. Esto no está bien.

—¿A qué se refiere? —preguntó el joven.

—Usted está totalmente desconectado, alejado y suena muy distinto; como si estuviera realmente molesto o algo por el estilo. Me parece que ya no estamos discutiendo nada, aunque todavía estamos hablando. Mi impresión es que algo no marcha nada bien con usted. ¿Qué pasó?

—Listo… ¿quiere saber qué pasó? Se lo voy a decir. Ella critica todo lo que yo hago y se me hace *muy* difícil trabajar con ella —respondió—. Creo que es mejor dejar de esforzarme. Desde que me uní a este equipo, no ha dejado de rebatirme.

—¿Por ejemplo? —le pregunté.

Esto sonó horrible. Tal vez yo no conocía a aquella ejecutiva tan bien como imaginaba y a lo mejor era un monstruo en aquel entorno. Eso pasa.

Por el bien del equipo, sabía que teníamos que trabajar inmediatamente en esta dinámica. Como afirma Catmull, las culturas creativas deben «vencer a las fuerzas invisibles que se interponen en el camino». Así que nos tiramos de cabeza.

El miembro joven comenzó a describir cómo se sentía… que si no había manera de ganar con ella, que si parecía que siempre andaba molesta. El resto del equipo y yo nos limitamos a escuchar. Me di cuenta que aquí estaba en juego mucho más que la relación de él con ella. Si bien es cierto que ella era muy directa, y que sus opiniones no venían servidas con leche y galletitas, sus intenciones eran buenas. Ella podía ser algo drástica y tal vez un poco agresiva, pero era sincera y velaba por el bienestar del equipo. Sin embargo, el muchacho no había oído eso.

—No escuché así lo que ella comentó —le respondí.

—¿Qué quieres decir? —me preguntó.

—Creo que ella simplemente le estaba dando su opinión. Ella lo hace conmigo todo el tiempo, y le aseguro que es mucho más dura conmigo —le dije.

Me volví hacia ella y noté que se había sonrojado.

—Pero me parece que cuando lo hace con usted, en vez de ayudarlo, parece herirlo.

Le expliqué que recientemente había tenido con él la misma experiencia. Él había sentido de que yo le estaba faltando el respeto cuando había rechazado algunos de sus comentarios. Le aseguré que no quería hacerlo sentir mal, pero que el equipo necesitaba encontrar una manera de darle retroalimentación sin que sintiera que era un ataque personal.

A medida que seguimos conversando, él nos reveló que nunca había trabajado en una cultura como aquella, donde la retroalimentación fuera real, sincera, se compartiera con libertad, pero sin que nadie se sintiera constantemente amenazado. En sus trabajos anteriores, todos trataban de ser agradables, aunque a menudo no eran sinceros. A él todavía le resultaba difícil creer que los valores de este equipo eran genuinos, y no solo palabrería. Más aún, ahora podía ver que parte de la resistencia y actitud defensiva que él demostraba venían de su tendencia a tomar los comentarios bien intencionados como humillaciones.

Esto fue una percepción importante para él, porque para beneficiarnos realmente de las relaciones de Cuarta Esquina, debemos darnos cuenta de que este diálogo interior puede interferir con el proceso de dar y recibir retroalimentación. Podemos escuchar palabras duras cuando la intención ha sido ofrecernos una crítica útil. Esto sucede a menudo cuando alguien ha tenido experiencias previas hirientes con un jefe o en otra relación que activan posteriores interacciones cuando aquellas voces y secuencias siguen actuando en el trasfondo. Algunas personas han pasado toda su vida sumergidos en las aguas de la adulación de la Tercera Esquina. Nadie les ha dicho que no todo pensamiento o idea que tienen es especial, por lo que cuando alguien les ofrece una retroalimentación, la reciben como una palabra áspera o como una manifestación de falta de respeto. A menudo filtramos las relaciones actuales a través del cristal opaco del pasado.

En esta reunión particular, mientras tanto, continuamos trabajando en estos asuntos e hicimos algunos progresos en el desarrollo de una conexión de Cuarta Esquina. El joven ejecutivo entendió que tenía que aprender a escuchar de una manera diferente, que tenía que ser sincero tan pronto no se sintiera bien por algo y que tenía que preguntarle a la otra persona qué era lo que realmente quería decir. Sin duda, esto fue un gran logro. Y lo aplaudí.

Del mismo modo, la ejecutiva con más experiencia dio algunos pasos para convertirse ella misma en una mejor ejecutiva de Cuarta Esquina. En un momento, le dije: «Y a propósito, él no se está inventando esto. Yo entiendo sus intenciones, pero me parece que sería de gran ayuda si pudiera cuidar su tono en algunas ocasiones». Ella sonrió y me dijo: «Por supuesto. Por favor, dígame cuando estoy siendo demasiado brusca». Ese es un auténtico movimiento a la Cuarta Esquina: hacer de la bestia un amigo en lugar de un enemigo.

Como señala Catmull, todos necesitamos la libertad de decirnos unos a otros «esa película es una porquería», pero con la certeza de que no es nada personal y que todos queremos lo mismo: que todo mejore. La Cuarta Esquina es el lugar para ambas cosas: *tenemos que decirlo bien y tenemos que escucharlo bien*, incluso cuando no se haya dicho de la mejor forma posible. Eso es un comienzo, pero también necesitamos desarrollar la capacidad de decirlo mejor, para que nuestra palabra sea, a la vez que franca, amable.

A medida que lo hacemos con más frecuencia, desarrollamos la misma capacidad en otros. Dios lo sabe, todos nos beneficiaríamos con un poco más de bondad en el mundo. *Necesitamos* más bondad para crecer. Y necesitamos una gran cantidad de ella, y si tenemos mucha bondad, estaremos en mejores condiciones para absorber esos momentos en que la bondad está ausente. Por ejemplo, si usted me ha dado retroalimentación bondadosa y útil miles de veces antes, cuando tenga un mal día y dé un portazo, será más fácil para mí sentir empatía y preocupación por usted, sin asumir lo peor ni ofenderme. La tolerancia aumenta el nivel de seguridad en nuestras relaciones y facilita el dar y recibir retroalimentación; no solo para recuperarnos de un tropiezo momentáneo, sino para llevarnos mejor y lanzar ese próximo éxito de taquilla que todos deseamos.

Afortunadamente, hay pasos que podemos dar para ayudar en este proceso. Central a este esfuerzo es la creación intencional y proactiva de dos cosas:

1. Normas sobre cómo comunicar que queremos que algo mejore.

2. Supervisar qué tan bien marcha esa comunicación.

FORMAS Y MEDIOS

Necesitamos algunas normas operativas, valores o normas de comportamiento que ayuden a que prospere la buena retroalimentación. En Pixar, por ejemplo, todos asumen que siempre habrá problemas y que siempre tendrán que enfrentarlos. ¡Esta es una norma excelente! Es lo opuesto a la cultura de no permitir problemas que hace que sea peligroso que cualquiera se exprese, y que mucho menos desarrolle su trabajo al máximo. Otra norma de Pixar es la colaboración entre pares. Dicho de otra manera, *las ideas no tienen rango ni posición.*

Esto es una norma impresionante que le libera para estar en desacuerdo con un jefe si piensa que su idea no es buena. Además, cuando él o ella le dice que no le gusta su idea, no hay que verlo como una amonestación o como una amenaza a su estabilidad laboral o a un ascenso. Pixar también promueve una cultura de estar «en favor»; es decir, un cultura donde la retroalimentación se ve como un servicio «en favor» de un bien mayor (por ejemplo, hacer la mejor película). Cada instancia de retroalimentación está al servicio de ese interés común y de ayudar a todos a ganar. Más aún, Pixar pone el mismo énfasis en dar y en recibir retroalimentación. Eso es parte del trabajo de todos; no solo darla sino recibirla en una manera que pueda servir al bien común.

Estas son normas excelentes para equipos y organizaciones de la Cuarta Esquina. En mi trabajo con equipos de ejecutivos, a menudo encuentro que los resultados sufren cuando la capacidad del equipo para dar y recibir retroalimentación se daña. A menudo, es más que un problema en la estrategia o en el plan de ejecución. Es más fácil decir que el fracaso es culpa de un producto pobre o de alguna falla en la operación. Sin embargo, con mucha frecuencia, el problema comienza más arriba. En términos generales, es un problema de comunicación, pero específicamente se trata de una falla al dar y recibir retroalimentación, pues esta no se ofrece con la idea de marchar adelante o de que mejoren las cosas, y nadie culpa ni cubre los enlaces débiles en el equipo.

Por eso, estimulo a los equipos a desarrollar algunas reglas simples y normas para la comunicación. También los invito a compartir experiencias pasadas en las que la retroalimentación les ha ayudado a mejorar la productividad, con la idea de esbozar un plan para cerrar la brecha entre dónde están y adónde quieren llegar.

Uno de los equipos con el que trabajé redactó este párrafo donde describen sus «reglas de combate»: «Nos comprometemos a entablar un diálogo respetuoso, colaborativo, *oportuno* y completo. Presentamos nuestros puntos de vista de forma clara y directa, y mantenemos una mente abierta ante perspectivas diferentes. Escuchamos para entender y preguntamos respetuosamente para lograr una mayor claridad, tanto en el mensaje como en las expectativas mutuas. Discutimos abiertamente los asuntos críticos y comunicamos con bondad los mensajes difíciles. Nos comprometemos a no dejar sin decir cosas importantes, y evitamos decirlas a alguien que no sea la persona que debe oírlas». (Véase mi libro *Límites para líderes,* Vida, 2014).

Otros lo han hecho en formas diferentes. He aquí hay algunos ejemplos:

- Enfóquese en el problema, no en la persona.

- Amemos todas las ideas por cinco minutos (o una cierta cantidad de tiempo, ¿cuarenta y cinco segundos?).

- Dígalo con respeto, pero no se guarde nada.

- Escuche y piense antes de oponerse o estar en desacuerdo.

- No se permiten sobrenombres ni ataques personales.

- No se permiten conversaciones secretas ni chismes.

Las reglas correctas para las relaciones de Cuarta Esquina, ya sean personales o profesionales, dependen de las circunstancias. Pero sin importar qué normas usted establezca, entienda que, por un lado, esto determina si van a escuchar sus mensajes con respeto, amabilidad y honestidad y, por el otro, si usted está dispuesto a *recibir* la retroalimentación con respeto, amabilidad y honestidad, para superar sus límites actuales.

Por eso es muy útil establecer un mecanismo en sus relaciones de Cuarta Esquina para compartir opiniones sobre cómo ofrecen mutua retroalimentación, y si está cumpliendo con normas que usted ha establecido. Usted tiene que ser capaz de *monitorear cómo está monitoreando* estas relaciones.

Recientemente trabajé con un director ejecutivo y su equipo, pues estaban experimentando algunas dificultades en la dinámica del trabajo. El equipo estaba dividido sobre un tema de importancia estratégica. Tres miembros habían formado un frente común contra otros dos miembros. El director me dijo que sentía atrapado en el medio. Como no quería seguir sintiéndose de esa manera, finalmente decidió intervenir: «¡Basta! Esto se acabó, y si ustedes no pueden comenzar a actuar con respeto mutuo, van a tener que irse a otro lado a hacer lo que están haciendo».

El ejecutivo había dejado claro ante los miembros que si continuaban actuando como lo habían estado haciendo, tendría que sacarlos del equipo. En el espíritu de una verdadera relación de Cuarta Esquina, les había dado la libertad de elegir cómo querían comportarse, pero también les había dejado saber que habría consecuencias por la forma en que actuaran. Afortunadamente, ellos tomaron en serio la retroalimentación, pues era una señal de que el director ejecutivo estaba *a favor* de ellos y *con* ellos, y la advertencia produjo una nueva norma para ayudar al equipo a mantenerse fiel a sus valores. A esto lo llamamos la bandera.

En el fútbol americano cuando se ha quebrantado una ley, el árbitro tira una bandera, y este equipo decidió utilizar un sistema de control similar para asegurar que todo el mundo jugara limpio. Si cualquier miembro del equipo sentía que la conversación se había desviado hacia el sarcasmo o que algunas de sus actividades se habían vuelto presuntuosas o divisivas, o simplemente interferían con los valores y las metas del grupo, entonces ese miembro podía tirar una bandera amarilla para detener el juego. (Realmente compraron algunas banderas amarillas y las mantenían en la mesa de conferencias durante sus reuniones). Cada miembro del equipo tenía derecho a detener el juego con el fin de corregir una infracción.

Del mismo modo, los llamados controles de proceso son útiles en otras reuniones de equipos. Y también pueden ser útiles entre las parejas o en reuniones familiares. Es muy práctico detenerse un momento y hacer preguntas como estas:

- ¿Cómo nos va en esto de tratar de ayudarnos a mejorar mutuamente?

- ¿Cómo va nuestra retroalimentación? ¿Estamos dando suficiente? ¿Qué puedo hacer para que mi retroalimentación sea aún más útil para usted?

- ¿Cómo puedo recibir esta retroalimentación con una actitud más positiva?

Alan Mulally —el legendario director ejecutivo que fue contratado para transformar la fábrica de automóviles Ford—, era famoso por tener doce principios claros para el trabajo en equipo. Muchos expertos en la industria han reconocido esta claridad de visión y desempeño, y la habilidad del equipo para aplicar estos principios a una cultura endeble, como una de las razones por las que Ford pudo recuperarse de su experiencia casi mortal. Según algunos observadores, era una práctica común para Mulally comenzar las reuniones leyendo en voz alta esta lista de principios, y luego, al final de la reunión, los revisaba preguntando: «¿Cómo nos fue?».

Mulally es un gran ejemplo de las dos cosas que estamos hablando: tener una norma y mantener el monitoreo para comprobar si nos estamos ajustando a ella. Este tipo de verificación de proceso es esencial para cambiar cualquier conducta, especialmente la conducta que cambia todas las otras conductas: la capacidad de trabajar junto a otras personas con el propósito de mejorar. Cuando nuestros métodos para mejorar mejoran, todos mejoramos. Decida mejorar y trabaje en ello, pero trabaje también en sus métodos para mejorar. Se alegrará de haberlo hecho.

CAPÍTULO 9

LA FORMA CORRECTA
DE PRESIONAR

Imagínese que usted está al pie de una montaña y que quiere llegar a la cima. Finalmente ha reunido el valor necesario y ha invertido mucho tiempo y esfuerzo para crear el plan para la escalada. Así que comienza. Da unos cuantos pasos, pero entonces se resbala y se cae, y aterriza casi en el punto donde comenzó. En ese mismo momento, un ninja en la cima de la montaña echa a rodar una roca en dirección a usted. Otro le tira una flecha envenenada, pero no le alcanza. Usted se limpia la frente y se pregunta si debe levantarse e intentarlo de nuevo, pero en eso se da cuenta de que la sanción por resbalar y volver a caer será el mismo castigo. En ese momento solo puede enfocarse en la forma de evitar la avalancha de rocas y flechas que tratarán de alcanzarlo si vuelve a caerse. Lo intenta otra vez, ahora con menos entusiasmo, pero se cae otra vez, y las rocas y las flechas siguen cayendo.

Allí me encontraba aquella noche cuando mi amigo le arrancó los colmillos a la bestia. Después que lo hizo, el fracaso ya no me atacó gracias a su comprensión y su normalización de la situación. Hizo de los resbalones y las caídas una parte normal de escalar montañas. Ahora las caídas lucían como algo normal en una escalada. Ya no me estaban alcanzando flechas envenenadas ni rocas enormes solo porque no había hecho algo bien. Sin embargo, *todavía no estaba fuera de peligro*... ¿Y ahora qué?

Si usted continúa haciendo lo mismo, va a obtener los mismos resultados. Incluso si *no* lo atacan enemigos anónimos, sus propios esfuerzos torpes lo traerán de vuelta a cero. Ya no estará sufriendo ataque, pero no habrá mejorado su desempeño. Lo intentará, pero lo único que obtendrá será permanecer en el mismo nivel. No importa lo que haga, estará atascado.

Quiere ir más alto, pero sigue chocando con los mismos obstáculos una y otra vez; sigue tropezando en sus mismos errores. Aun cuando le haya quitado los colmillos a la bestia del miedo, todavía está a expensas de sus propios mecanismos, y destinado a repetir lo que ya ha tratado de hacer antes.

Está llegando a su límite. Tal vez ya no se esté sintiendo mal, pero tampoco está llegando al siguiente nivel de crecimiento al que aspira. Hay algo que todavía tiene que cambiar. ¿Qué debe hacer?

COMPLETAMENTE ABIERTO

En otros escritos, me he referido a la segunda ley de la termodinámica de la física como una de mis metáforas favoritas para explicar cómo funciona el rendimiento humano. Básicamente, la ley establece que, en cualquier sistema, hay una cantidad limitada de energía, y con el tiempo esta energía se vuelve menos útil y más caótica. Por mucho que el sistema intenta mantener el orden y el progreso, inevitablemente, la energía y, por lo tanto, la calidad del sistema, se vuelve más desordenado. A ese decaimiento del orden y la energía se le llama entropía. A pesar de los mejores esfuerzos, el sistema se va deteriorando, y empeora en vez de mejorar. Así ocurre con el rendimiento humano.

Y lo mismo con los negocios. Un equipo gerencial continúa trabajando con un plan que tuvo éxito en el pasado, pero que ya no funciona por varios factores. Esto continuará en forma indefinida, hasta que sea imposible negar que las ganancias del negocio han comenzado a disminuir.

Esto también sucede con los individuos. Un golfista practica y practica y aun así no puede superar su desventaja más allá de un cierto número. Una pareja planea citas para volver a encender la intimidad, pero continúa discutiendo sobre los mismos temas. Un líder sigue las mejores prácticas de su propia creación, pero las estrategias que funcionaron en el pasado no elevan la puntuación.

Si usted ha leído mis otros libros, entonces sabrá que hay dos ingredientes esenciales para romper el ciclo de deterioro: *nuevas fuentes de energía y la inteligencia*.

En los negocios, tenemos un término para este tipo de persona: el artista del cambio. Es lo que fue Alan Mulally cuando sacó a la Ford del borde del abismo. Inyectó nueva energía y aportó nueva inteligencia, aplicando en la cultura un nuevo conjunto de prácticas y valores que invirtieron la entropía. En las relaciones personales, estas nuevas fuentes de energía e inteligencia pueden provenir de un terapeuta, un amigo sabio, un entrenador, un pastor o un grupo de apoyo.

Aun así, *usted tiene que estar dispuesto a abrirse* —su equipo, su negocio, su familia—, para recibir este flujo de energía e inteligencia. Y como en la mayoría de otras situaciones, usted puede escoger.

CONSIDERE LA FUENTE

Digamos que usted acepta mi premisa de que va a necesitar algo externo para llegar a donde quiere llegar. Ha derrotado la severa mordedura del fracaso, pero se da cuenta de que no sentirse mal no es lo mismo que alcanzar sus objetivos. Las relaciones de Cuarta Esquina poseen ingredientes específicos que ayudan a la gente a subir, por lo que usted necesita rodearse de personas de Cuarta Esquina. ¿Qué debe buscar en una relación de Cuarta Esquina que le ayude a superar sus límites actuales?

Debo aclarar que para nada estoy sugiriendo que se deshaga de todos sus amigos disfuncionales o los que no ayudan a su crecimiento, o de sus familiares o compañeros de trabajo. Dios sabe que nuestras vidas son más interesantes, divertidas y a veces un poco más enloquecidas gracias a la diversidad de personas. Somos privilegiados al tenerlos a ellos en esta mezcla. Pero tiene que darse cuenta de algo: *no todos están en condiciones de proveerle nueva energía o inteligencia*. Dolores de cabeza, carcajadas y experiencias inolvidables, sí; fuerza, tal vez no. Así que usted tendrá que asegurarse de que se esté abasteciendo de energía a través de múltiples canales y fijándose, en particular, en la clase de relaciones que aportan energía al sistema. ¿Cómo lucen esas relaciones?

EMPUJE

El comandante Rorke Denver es un ex SEAL de la Marina de los Estados Unidos que vio una gran cantidad de combates en una carrera de trece años en esa fuerza de élite. Con frecuencia, él es el orador en eventos de liderazgo, donde inspira a muchos y comparte sus principios y experiencias en la Marina. En un evento que hicimos juntos el año pasado, al que asistieron seis mil personas, pidió a la gente ponerse de pie y levantar sus manos tan alto como les fuera posible. Ante ese mar de brazos y manos que se alzaban, guardó silencio unos segundos, y luego dijo: «Está bien, ¡ahora denme dos pulgadas más!». Era impresionante ver a seis mil personas levantando brazos y manos dos pulgadas más de lo que pensaban que podían; pero ahora, cuando él los desafió, rápidamente se dieron cuenta que podían *más*. ¡Doce mil brazos alcanzaron las dos pulgadas que se les pedía! Era una vista increíble. Con solo una sugerencia, habían llegado más lejos de lo que habían pensado que les era posible.

La premisa de este simple ejercicio es que tenemos más potencial de lo que creemos tener, y que la única manera de saber cuán lejos podemos llegar es tratando, pero eso requiere un poco de empuje útil a partir de una relación de Cuarta Esquina. Un estímulo… un empuje.

Con frecuencia, no tenemos idea de las capacidades y las cualidades que poseemos. Nunca nos las han señalado. Eso hace el tipo correcto de relación de Cuarta Esquina: revela una capacidad oculta que usted posee y le enseña cómo acceder a ella. Los mejores tipos de «otros» equilibran un par de factores al fijar los blancos de empuje:

1. Le empujarán para ir más lejos de lo que ha ido en el pasado y le animarán a desarrollar nuevas capacidades con el fin de alcanzar la meta.

2. Sin embargo, no lo van a presionar hasta un punto de abrumarlo o desanimarlo.

Los mejores líderes, entrenadores y amigos hacen *ambas* cosas. Lo presionan más allá de donde usted está o piensa que puede llegar, pero no tan lejos que no se pueda recuperar. *Lo empujan, pero no lo lastiman.*

Como Mihaly Csikszentmihalyi lo describe, un rendimiento máximo se produce cuando nos desafían constantemente, pero no al grado que sea demasiado para nuestras capacidades recién adquiridas. Si nos ponen en situaciones difíciles que superan nuestras capacidades recién adquiridas y nos empujan *demasiado*, vamos a deslizarnos fuera de la zona de acción donde el aprendizaje y la realización —el flujo— se producen. A medida que adquirimos nuevas capacidades (y confianza), podemos intentar objetivos más desafiantes, pero el truco está en conseguir el equilibrio adecuado entre la cantidad de empuje y el nivel de habilidad que se requiere para tener éxito.

La cantidad justa de empuje estimula nuestras capacidades

y nuestra confianza; la cantidad equivocada nos puede enviar de nuevo a los colmillos del fracaso. (Piénselo de esta manera: si usted decide correr un maratón por primera vez, en el transcurso de varios meses antes de la carrera tendrá que ir alcanzando gradualmente la distancia para que cuando llegue el día de la carrera, esté preparado. Usted no se inscribe y de una vez corre las 26.2 millas en un solo día si previamente su límite máximo era dos). Por otro lado, si usted no se siente *suficientemente* desafiado, corre el riesgo de caer en lo que Csikszentmihalyi llama «el cuadrante del aburrimiento». Yo lo llamo deserción. Se espera que a alguien acostumbrado a correr dos millas se le pide que corra dos o un poco más de dos. Esto no es un desafío inalcanzable.

Las buenas relaciones de Cuarta Esquina nos empujan a progresar todo el tiempo. No permiten que nos quedemos donde estamos, y mucho menos que nos estanquemos, nos aburramos, desertemos o salgamos a buscar otra relación que nos mantenga despiertos (supongamos, en la Tercera Esquina). Como dije anteriormente, los seres humanos somos sistemas «busca-conexiones», pero también son *«busca-excitación»*. Si nos sentimos aburridos y desconectados, no podemos evitar buscar algo que nos vuelva a energizar, aun si el estimulante viene en la forma de una relación ilícita u otro comportamiento de riesgo. Es debido a la falta de compromiso que muchas relaciones fracasan; si una de las partes no está aportando nueva energía e inteligencia en la relación, la otra parte corre el riesgo de experimentar un desinterés creciente en cuanto a invertir más intimidad en la relación. Eso puede conducir a todo tipo de conductas destructivas.

Lo mismo puede ocurrir en los negocios. Sentirse satisfecho en el trabajo depende de más que una compensación económica.

Después de que se han satisfecho las necesidades financieras, la gente busca posiciones que ofrezcan otras cosas, una de las cuales es la posibilidad de desarrollar nuevas habilidades y aspirar a posiciones más altas de desafío y crecimiento. Ellas quieren crecer.

Aunque los mejores talentos buscan oportunidades que pongan a prueba su potencial, si se pone constantemente a las personas en posiciones muy estresantes, puede ser demasiada presión y es probable terminen desanimadas, abrumadas o ansiosas. Con el tiempo (o rápidamente) desertarán. Los líderes deben inyectar solo la cantidad correcta de tensión en el sistema para motivar a su gente, pero no tanto que colapsen. Exíjales y se moverán hacia la meta. Exíjales en exceso y, como bandas de hule, estallarán.

Sabemos por la neurociencia y las investigaciones en el campo de la educación que el aprendizaje se produce y el rendimiento mejora con los estados de alta excitación, pero solo hasta cierto punto, más allá del cual el rendimiento cesa. A esta relación se le llama «la ley de Yerkes-Dodson». Como cualquiera que haya dado un discurso o una conferencia sabe, las mariposas que se sienten antes de subir al escenario a menudo ayudan a *mejorar* el desempeño, pero *no* si esa energía se convierte en pánico escénico.

Por lo general, mientras más intensas son las habilidades cognitivas requeridas, menos excitación se puede tolerar. Piense en tratar de aprender cálculo, mientras alguien le está gritando. Pero no importa qué tipo de actividad sea, la realidad es que tenemos que ser estimulados desde una fuente externa con el fin de mantener nuestro sistema saludable y próspero. De hecho, la investigación sobre la fijación de objetivos muestra que cuando se nos pide cumplir con metas muy altas, difíciles pero específicas, las personas se desarrollan bien. Estamos hechos para ser desafiados a crecer. Por esta razón, los niños más saludables provienen de entornos que hacen dos cosas: los animan con calidez y les presentan altas expectativas.

Lo animo a preguntarse si tiene acceso a la clase correcta de conexiones que le ayuden a alcanzar el siguiente nivel:

- ¿Me están *presionado* apropiadamente para ser mejor, para hacer más?

- ¿En qué, específicamente, me están *desafiando* para tener un mejor desempeño?

- ¿En qué, específicamente, me están *desafiando* para hacer más de lo que estoy haciendo ahora?

- ¿Me están presionando *más allá* de mi zona de comodidad?

- Cuando me resisto o lucho, ¿cómo son *manejados* esos sentimientos? ¿Se mantienen otros firmes en mi necesidad de crecer?

DESAFÍOS EXTRAGRANDES

A veces, el empuje que necesitamos es a lo que Jim Collins se refiere como «metas enormes, audaces y peludas (MEAP)». Alcanzar estos objetivos superará cualquier cosa que hayamos hecho antes. No solo pasos graduales, sino metas que cambian todo, llevándonos diez veces más lejos de lo que nunca creímos posible.

Los grandes visionarios empujan a la gente hacia estos logros alucinantes. Cuando en 1961 el presidente Kennedy dijo en una sesión especial del Congreso que quería que Estados Unidos enviaran a uno de sus ciudadanos a la luna para finales de esa década, eso fue un MEAP. Cuando el cofundador de Google, Larry Page, era todavía un estudiante en la escuela graduada y comenzó a jugar con la idea de coches que se conducen solos, mucho antes de que existiera la tecnología, estaba en territorio MEAP. Su empuje no era solo construir un *mejor* automóvil, sino encontrar una forma completamente *diferente* de desplazarse. ¿De dónde sacó él esta clase de pensamiento? ¿O el pensamiento que creó Google? ¿De estar en el bosque sentado en un árbol esperando que lo visitaran las musas?

No. Lo obtuvo de *Otro*.

Fue un programa de entrenamiento de verano en la universidad llamado *Leader-Shape* al que asistió. El programa le enseñó una nueva forma de pensar: tener, según sus propias palabras, una «indiferencia saludable ante lo imposible». Los profesores y entrenadores que conoció a través de ese programa lo animaron a perseguir sus sueños, sin importar lo grande que fueran, y él siguió el consejo. Como relató en un discurso de graduación de la Universidad de Michigan en 2009, refiriéndose a esos sueños enormes e imposibles, uno de ellos era «descargar toda la web, **y solamente dejar los enlaces**».

¡Nada menos! De ese sueño nació Google. ¿Pero qué tal si nunca hubiera conocido a aquella gente en *Leader-Shape*; aquellos *otros* que aportaron nueva energía e inteligencia a su sistema? ¿O si solamente lo hubieran animado a seguir el camino trillado de las expectativas tradicionales, para hacer las cosas solo un poco mejor?

En aquel mismo discurso, Page recordó que cuando estaba en el país del miedo —cuando estaba comenzando Google y lo único que podía hacer era llevar las líneas de crédito al máximo para poder comprar unidades de disco duro— se sentía como un «gusano en la acera durante una tormenta». Sin embargo, había aprendido una lección y era la que quería transmitir a su audiencia de estudiantes: «¿Cuál es el resumen en una oración sobre cómo cambiar el mundo? *Siempre trabaja duro en algo incómodamente emocionante*» (Larry Page, Universidad de Michigan, discurso de graduación, mayo 2009).

«Incómodamente emocionante». Suena exactamente igual que el punto óptimo para el máximo rendimiento que han descrito otros investigadores: esa delicada danza entre aumentar su desafío y probar nuevas capacidades. Ese tipo de experiencias de flujo máximo, en las que nos estamos realmente moviendo, creciendo y aprendiendo, crean un enfoque intenso, y alinean todos nuestros recursos cognitivos y los involucran en una colaboración activa. El cerebro tiene algo para dirigir sus recursos más extraordinarios, y cobra vida haciéndolo.

Un amigo que ha construido un imperio inmoviliario lo expresa así: «Si, en algún momento del día, me siento y pienso en lo que estoy tratando de hacer y no me da un ataque de pánico total, entonces sé que no me estoy exigiendo demasiado ni estoy haciendo una transacción lo suficientemente difícil». Él también está describiendo esta zona incómodamente emocionante. Se nutre de ella, y eso lo ha hecho multimillonario.

Sin embargo, esta clase de presión no es solo para magnates inmoviliarios o fundadores de Google. Todos conocemos a personas que han hecho realidad sus sueños extravagantes, con el empuje del «otro». Piense en un niño de un barrio pobre a quien su maestra le dijo que podía ir a la universidad y convertirse en un médico. O en el ama de casa a la que un vecino la alentó para que iniciara su propio negocio. O el joven asociado a quien se reta para que saque al mercado un nuevo producto. Preséntele al cerebro un problema *específico*, pero *GRANDE* para resolver, y lo sorprenderá. Dé a la gente una oportunidad y las herramientas para crecer, y brillarán. *Pero solo si el problema es lo suficientemente grande.* Y solo si «el otro» alimenta, supervisa y apoya el proceso.

UN PASO A LA VEZ: UN
PLAN DE ESCALERA

Un papel absolutamente crítico que otros juegan para que podamos alcanzar nuestros objetivos es ayudarnos a crear un plan realista para llegar allí. Cuando usted piense en las personas que intervienen en su vida, hágase las siguientes preguntas:

- ¿Me ayudan ellos a fijar *metas* pequeñas y alcanzables que están alineadas con las metas grandes a las que deseo llegar?

- ¿Me ayudan a supervisar el *progreso* de maneras útiles y específicas?

- *¿Valorizan* los pequeños pasos que estoy dando, o solo alaban los «jonrones»?

- *¿Celebran* las pequeñas victorias?

- ¿Han estado o están en una jornada de ser *mejores* que ha sido gradual y paso a paso para llegar a un gran objetivo? ¿Entienden ellos ese proceso?

- ¿Me *comparan* solo con los ejemplos ideales?

- ¿Me ayudan a identificar múltiples *opciones* para lograr mis objetivos, o solo les interesa su manera de hacerlo?

Con demasiada frecuencia usted se encuentra en los negocios con ejecutivos que solo valoran las grandes victorias. En consecuencia, las personas pueden sentirse devaluadas o incluso presionadas para dar pasos de riesgo que estén más allá de sus habilidades y experiencia. Los grandes líderes y ejecutivos siempre favorecen la celebración de fiestas para honrar las *pequeñas* victorias. Disfrutan con las *pequeñas* victorias porque las ven como parte de un proceso a largo plazo.

Los buenos entrenadores han estado haciendo esto por años. Ahora sabemos el porqué, gracias a la ciencia del cerebro. *Nuestras conexiones y circuitos neurales se desarrollan en el contexto del aliento y las emociones positivas*. Investigaciones sobre la fijación de objetivos ofrecen una serie de lecciones importantes cuando se trata de desarrollar desafíos de Cuarta Esquina. Sabemos, por ejemplo, que los objetivos que fijamos para nosotros y para otros deben ser suficientemente *desafiantes* como para activar nuestra energía y nuestro cerebro, pero también deben ser *realistas* y *alcanzables*.

También es importante que las dificultades para alcanzar estos objetivos sean explicadas y abordadas. Las investigaciones han demostrado que los pensamientos positivos ciegos no funcionan, porque cuando pensadores positivos olvidadizos se encuentran con dificultades, tienden a desanimarse y a tocar fondo. Las personas de la Cuarta Esquina no solo nos ayudan a creer que *podemos* llegar allí, sino que también nos ayudan a ver que sin duda vamos a pasar *muchísimo trabajo,* con muchos obstáculos. Ellos hacen que las dificultades luzcan normales. Y van a estar allí para animarnos, pero también estarán allí para ayudarnos a superar las experiencias difíciles.

También sabemos por las investigaciones, en particular por el trabajo de la psicóloga Carol Dweck, que aquellos que poseen una «mentalidad de crecimiento» en lugar de una «mentalidad fija» son más propensos a lograr metas y a mejorar. Las personas con una mentalidad de crecimiento ven los talentos como algo que puede desarrollarse y mejorar, no como un valor innato, fijo, que no cambia con el tiempo. La forma en que me gusta pensar de esto es lo que los investigadores han denominado «metas de dominio». Usted se concentra en tratar de conseguir algo mejor y dominarlo, en lugar de pensar que es ya bueno en eso o no lo es. De hecho, la investigadora Heidi Grant Halvorson en realidad lo llama «objetivos para mejorar», una excelente manera de pensar en ello.

Quienes poseen una mente entrenada para buscar la superación y siempre están tratando de mejorar, se hacen preguntas tales como: ¿Qué podría hacer un poco mejor? ¿Qué podría aprender para la próxima vez? Esta actitud mental no debe limitarse a los momentos posfracaso ni tampoco a mitad de las dificultades.

Las personas comprometidas con lograr algo no se asustan (o por lo menos no tanto) cuando tropiezan con un obstáculo. Ellas reevalúan la situación y se ponen en marcha otra vez, pensando que ahora pueden hacerlo mejor. Por eso usted quiere a alguien en su Cuarta Esquina que posea una mentalidad similar a la suya. Todos hemos tenido demasiadas experiencias con lo opuesto: padres, amigos, hermanos o jefes que, una vez que se forman una opinión de nosotros, miden todas nuestras acciones según ese parámetro, sin importar lo obsoleto que ya sea. No importa lo que hagamos, no importa cuánto hayamos mejorado, su opinión de nosotros no cambia. Si así es como nos ven, entonces no nos van a ser muy útiles; no se van a comprometer ni se van a involucrar con nuestro progreso. Ellos creen que así es como somos. Y punto.

No obstante, hay otro grupo de personas que ven el mundo a través de una mente de crecimiento. *Ellos creen que las personas pueden crecer y cambiar*. Favorecen hacia el desarrollo en la forma en que ven a los demás; no como son ahora, sino cómo pueden llegar a ser. No puedo decirles las veces que he escuchado a la gente decir: «La gente, en realidad, no cambia». A menos que me estén contratando para cambiar sus formas de pensar, ni siquiera vale la pena discutir el tema. Ellos simplemente creen eso.

Sin embargo, no es cierto en absoluto. La ciencia ha demostrado que podemos cambiar. Nosotros cambiamos y mejoramos, pero *tendemos a hacerlo junto con personas que creen eso también y que se han comprometido a ayudarnos*.

He escrito sobre mi padre en este libro. Compartí lo mucho que lo amaba y lo importante que fue en muchas áreas de mi vida. Me ayudó a aprender muchísimas destrezas. Me enseñó a jugar al golf, a cazar, a pescar y a pensar en términos de negocios y a un montón de otras cosas de la vida. Sentí su apoyo en las actividades en que participó conmigo.

Digo todo esto para contrastarlo con uno de sus dichos favoritos; uno que *detestaba* cuando yo era un muchacho, pero nunca supe por qué hasta que me convertí en psicólogo. Era una frase que usaba cuando me sentía desanimado ante algo que quería hacer pero que me parecía demasiado grande para mis posibilidades. Si le mencionaba lo difícil que me parecía, su respuesta era: «Bueno, esa no es colina para un alpinista».

Esa frase siempre hizo que mi corazón sufriera. Me hacía sentir desanimado y sin ganas de nada. Y, además, solo. Me doy cuenta de que lo decía para darme ánimo, pero conseguía el efecto contrario. Nunca realmente entendí por qué hasta que empecé a investigar sobre las metas y el poder del otro, el papel del estímulo, y cómo superamos los obstáculos. Mi papá no me estaba diciendo: «Puedes esforzarte para conseguir eso», sino que estaba diciendo: «Ya debes poder hacerlo. Eres un alpinista».

Además, tendía a usar aquella oración solo cuando el desafío implicaba un objetivo en el que él no estaba directamente implicado para ayudarme a enfrentarlo. Si yo expresaba alguna preocupación, su respuesta sería: «No veo el problema. Esa no es una colina para un alpinista». Su respuesta me dejaba solo con mi pensamiento. En su mente, ya estaba allí; era solo cuestión de hacer las cosas bien. En mi mente, sabía que me faltaba mucho. Me hubiera gustado que, aun cuando no estuviera involucrado en esos aspectos de mi vida, como en lo académico, me hubiera dicho algo más orientado a «mejorar». Eso me habría ayudado. Me podía haber dicho: «Eso suena difícil. Te va a demandar una gran cantidad de trabajo. ¿Cómo te puedo ayudar?». O «¿dónde puedes obtener alguna ayuda?».

No se preocupe. No estoy aquí para criticar a los padres. Me siento profundamente agradecido de los míos por todo lo que hicieron por mí, y oro para que yo pueda hacer lo mismo con mis propios hijos. Pero entender este aspecto de la investigación realmente me ayudó a explicar esos sentimientos. Cuando nos dirigimos fuera de nuestra zona de comodidad, necesitamos personas en nuestra esquina que nos apoyen en nuestro deseo de mejorar.

La investigadora de objetivos, Heidi Grant Halvorson, contrasta un enfoque en el dominio con uno al que ella llama «orientación a ser mejores». (Véase su libro *Succeed: How We Can Reach Our Goals*. Hudson Street Press/Penguin, 2011). Las personas que ven las metas en esta forma menos-que-útil adoptan una orientación hacia el desempeño básicamente para mostrar que son «suficientemente buenos» y terminan validándose si lo logran; o mostrando que «no son capaces» si no lo hicieron. Como resultado, cada vez que persiguen un objetivo, están siempre tratando de probar que son talentosos, capaces, inteligentes o lo que sea. Si se quiere, es un esfuerzo por probar su autoestima. (Esto me explicó por qué a veces me preocupaba por sentir alivio en lugar de sentirme realizado al alcanzar un objetivo).

Con esa clase de orientación, si usted no lo hace muy bien, es mucho más desastroso que para aquellos que tienen un enfoque en el dominio. El grupo de «ser buenos» tiende a ver cualquier error o fracaso como una señal de que no son dignos; el de «ser mejores» ve el fracaso como una oportunidad para aprender y lo vuelve a intentar.

Cuando mi papá me decía «esa no es colina para un alpinista», me estaba poniendo en la categoría de los buenos alpinistas, y entonces el rendimiento habría de probar o refutar esa afirmación, lo que de todas maneras no servía ni para mejorar ni para aprender. (Me pongo ansioso de solo recordarlo). Por el contrario,

Halvorson apunta a otro aspecto de la orientación de «ser mejores»: este enfoque hace que la gente pida más ayuda, lo que conduce a que mejoren y superen sus límites. Las personas con esta orientación piden ayuda más que los «ser buenos», porque pedir ayuda les prueba a los «ser buenos» que no son tan buenos o inteligentes como ellos pretenden ser, y otros podrían darse cuenta de eso. Recuerdo que casi tuve que convencer a mi papá que él estaba equivocado, yo *no* era un alpinista, *iba a ser* difícil alcanzar mi meta y necesitaba algo de ayuda.

En el otro extremo del espectro, las mejores personas de Cuarta Esquina tratan cada escena en su jornada como algo importante, y se aseguran de que usted lo vea también de esa manera. Cada escena es un paso, y ellos no esperan que usted sepa cómo hacerlo bien antes de intentarlo. No esperan perfección, pero se dan cuenta de los progresos, por pequeños que estos sean, y lo celebran. Esto crea una atmósfera en la que puede darse el crecimiento, y se consigue con la ayuda de los otros factores como el combustible, el sentido de propiedad, la responsabilidad y la retroalimentación.

Un ejemplo de cómo funciona este enfoque lo ofrece *Weight Watchers,* que se centra en un segmento de la población que reconoce que se ha atascado (gente con sobrepeso que ha tratado de perder peso y no puede). Ellos ayudan a los participantes a dividir sus metas en *pasos* más pequeños, que luego son *monitoreados* y *estructurados* para hacerlos exitosos. Cada día, se anima a los participantes a estar en *control* de sus *propias* decisiones, y reciben cierto número de puntos que pueden usar para crear sus comidas. Siempre y cuando se mantengan dentro de su límite diario, están bien. Si un día no lo logran, es solo un *paso* más en el proceso. En el camino, se mantienen en contacto con *alguien* cuando necesitan ayuda. Además, se *reúnen* en *grupos de pesaje* y *comparten estrategias* y *aliento*. Dan y reciben, y prosiguen hacia adelante y hacia arriba… o, en el caso de ellos, hacia abajo (note los factores aquí que hemos visto que las investigaciones validan).

Recuerde: las relaciones de Cuarta Esquina que más le ayudarán son las que lo empujan a dar pequeños pasos consistentes con su visión y sus objetivos. Como autor, entiendo esto de primera mano. De hecho, sin este proceso, nunca habría escrito mi primer libro, ni este, ni los treinta y tantos entre uno y el otro. No puedo atribuirme el crédito por haber vendido millones de ejemplares. El noventa y nueve por ciento del éxito se lo debo a mis relaciones de Cuarta Esquina que han sido, literalmente, las que han hecho que esto suceda. (Yo solo hice lo que me dijeron que hiciera). Aquí le doy un ejemplo de cómo hicieron, en un principio, para que me atreviera a ir más allá de mis límites.

Mi primer trabajo como médico clínico lo hice en una empresa de consultoría de liderazgo en Newport Beach, California. Allí fue donde me enamoré del estudio del liderazgo. Después de trabajar con los directores generales y funcionarios de alto rendimiento y sus organizaciones durante varios años, formulé y usé varios modelos para el crecimiento personal y en el liderazgo. Es simplemente la forma en que funciona mi mente: cuando veo los problemas que los líderes deben abordar para su crecimiento y el de sus organizaciones, me encanta construir modelos que capten la dinámica conceptual y los métodos de aplicación que resulten más eficaces. Es algo que me viene naturalmente. Sin embargo, estaba *demasiado* desorganizado en aquellos años como para intentar escribir un libro. *Demasiado*.

Un día, mientras ofrecía una sesión de entrenamiento de liderazgo en una organización que tenía alrededor de cincuenta mil personas en todo el mundo y a los que querían desarrollar, el líder me preguntó:

—¿Tiene esto escrito en algún lado?

—¿A qué se refiere con «esto»? —le pregunté

—Me refiero a este modelo que ha descrito en el pizarrón. Podríamos editarlo y utilizarlo en todo el mundo en conceptos transferibles —me contestó.

—¡Ah!… está ahí, en el pizarrón —reaccioné, un poco tímidamente.

—Me parece entonces que debemos escribirlo —dijo—. Necesitamos un libro.

Así fue como todo comenzó, pero no sin contar con muchísima ayuda. Para entonces, ni siquiera había *pensado* en escribir un libro. Hasta entonces, toda mi experiencia como escritor eran mis notas en el historial de pacientes hospitalizados o en alguna tarjeta de cumpleaños a un amigo. ¡Estamos hablando de un objetivo ambicioso! Era como si el líder me hubiese pedido que jugara con los Lakers. Además, en aquel entonces yo era la persona menos disciplinada y organizada que usted pueda imaginarse. Hacía mucho y trabajaba mucho, pero la disciplina diaria de escribir y escribir y escribir, junto con la ejecución de todos mis otros trabajos, parecía una loca fantasía, pero porque me gustaba el material y la visión, dije que sí. Lo haría. Pero no tenía la menor idea de cómo hacerlo, ni la capacidad para llevarlo a cabo.

Así que comencé a pensar cómo iba a abordar el reto. Recopilé notas y pensamientos durante un tiempo, pero me di cuenta de que no estaba llegando a ningún lado. Estaba atascado. Mientras tanto, el líder de la organización me seguía pidiendo un libro. Yo sabía lo que tenía que incluir en el libro; esa parte estaba clara. La parte difícil era hacer algo que nunca había hecho antes: organizar todo aquel material en la forma debida. Simplemente no salía. Para decirlo suavemente, me sentía atrapado. Afortunadamente, mi cliente de Cuarta Esquina intervino, y lo hizo porque su organización necesitaba un libro que contuviera el modelo que había visto en el pizarrón.

Y esto fue lo que ocurrió: mi cliente, para quien *yo* era consultor, contrató a *otro* consultor para que me ayudara a escribir el libro. ¡La cola meneando al perro! Pero esto tenía sentido para mí, pues no tenía la menor idea de cómo ser un escritor. Todo lo que tenía era el contenido, así es que ellos abrieron el sistema, trajeron una nueva inteligencia y energía, y comenzamos.

Mi consultor de redacción y yo establecimos una estructura regular de reuniones. Recibía una tarea para hacer entre reunión y reunión, y luego nos reuníamos e íbamos organizando el manuscrito. En el transcurso de varios meses, desarrollé un bosquejo bastante estructurado y organicé mis conceptos, ideas e ilustraciones como una base para comenzar a escribir.

En aquel momento, estaba trabajando a tiempo completo y no tenía tiempo libre para escribir durante la semana (¡algo que todavía no ha cambiado!), así que me comprometí a un plan. Cada viernes a las 5:30 p.m., cuando salía del trabajo, me iba a casa a escribir durante todas las horas que pudiera mantenerme despierto hasta el lunes por la mañana, cuando volvía al trabajo. La única interrupción que me permitía era salir a cenar los sábados por la noche con algún amigo o una cita. Ese era el régimen.

Cumplí con el plan y seis meses más, *ya tenía un libro.*

¡Ambicioso objetivo logrado a través del poder de otro! El libro se hizo una realidad no solo porque mi cliente inicialmente me impulsó con miras a llegar a la meta, sino también, más valiosa en esta instancia, porque el consultor jugó un papel *continuo de presionarme para alcanzar metas cada vez más altas de mejorar y escribir más.* La combinación de la meta enorme y los pasos pequeños, fortalecida por la relación y la responsabilidad fue lo que me llevó allí. Esta relación de Cuarta Esquina me dio algo que yo no tenía: el cómo y la estructura para poner mis ideas en una forma escalable para ayudar a otros. Por eso, siempre estaré agradecido. ¡De verdad se necesita todo un pueblo!

Entre paréntesis, una nota simpática: pertenezco a la junta de directores de una organización con muchísima propiedad intelectual y los líderes quieren que su presidente fundador la reúna en un libro. Habían estado tratando por varios años, pero sin resultado. Atascados. El presidente-fundador tenía todo el contenido, pero el proceso estructurado de escribir un libro no figuraba en sus planes. Y como era un hombre visionario del tipo orientado a la gente, nunca iba a terminar una tarea como esa. Finalmente, la junta asumió una postura firme, pues lo vieron como un proyecto crítico para la organización. Ellos querían el libro, y punto. Ya estaban molestos por los años de falta de progreso y la paciencia se les agotó.

Un día estábamos en una reunión de la junta, y alguien preguntó: «¿Qué podemos hacer para que escriba el libro? ¿Qué rayos haces para que una persona que nunca ha escrito un libro escriba uno? Lo *necesitamos.* *Tenemos* que resolver esto».

Sonreí. «Creo que sé cómo», les dije. Y me ofrecí para ayudarlo. Ahora ya está por terminar el proyecto que había estado estancado por años. Esto es lo que ocurre con la Cuarta Esquina. Es algo que se transmite. Algún día este señor ayudará a otra persona a escribir un libro.

EN RESUMEN

Me gusta pensar en el proceso y la dinámica de las relaciones de Cuarta Esquina como una dieta saludable y bien balanceada que contiene los ingredientes esenciales que hemos discutido:

- Conexión que alimenta

- Conexión que desarrolla el dominio propio

- Conexión que genera sentido de pertenencia y responsabilidad

- Conexión que hace seguros el aprendizaje y el fracaso

- Conexión que empuja hacia visiones y metas grandes

- Conexión que nombra y faculta pequeños pasos para ser mejores

He aquí otra pregunta para usted: ¿Cómo se *mantiene* en esta dieta balanceada por el resto de su vida? ¿Qué tan seguido come? ¿Una comida al día? ¿Dos? ¿Tres? ¿Una vez al año? Vayamos al siguiente principio de la Cuarta Esquina.

CAPÍTULO 10

DE AFUERA HACIA ADENTRO

Así que ya saben lo completamente desorientado que estaba antes de los treinta cuando me embarqué en mi primer proyecto de un libro. Fue solo gracias al poder del otro que pude empujarme hasta llegar a la meta. En esto estuvieron presentes todos los elementos de una relación de Cuarta Esquina: mi admisión de que necesitaba ayuda (esa parte fue fácil, pues era un inepto como escritor y estaba desesperado); el combustible de una fuente externa en forma de inspiración, estímulo, estructura y proceso; y un sentido de propiedad y libertad respaldado por otro de rendir cuentas y consecuencias en la forma de plazos y entregas a mi cliente, un objetivo ambicioso con empuje y pasos concretos para «mejorar». Puedo asegurarle que nunca habría sido capaz de escribir un libro en aquel tiempo si el poder del otro no hubiera sido una opción. Nunca.

Y hoy día, veinticinco años más tarde, *todavía* uso el mismo consultor para ayudarme a escribir mis libros. Bueno, no realmente. Es decir, sí *y no*. De hecho, nunca he vuelto a trabajar con aquel consultor. Y, sin embargo, lo hago, cada vez que he escrito un libro.

A lo que estoy tratando de llegar es a uno de los resultados verdaderamente mágicos que nos traen las relaciones de Cuarta Esquina. Se llama *internalización*. Es una especie de superalimento que nos mantiene sanos y con las baterías cargadas mucho después del primer bocado.

INTERNALIZACIÓN

Lo que hace tan poderosas a las relaciones de Cuarta Esquina es que no se acaban después que se acaban. Las lecciones que hemos aprendido y las frases que nos motivan son nuestras para siempre. Los psicólogos se refieren a este proceso como *internalización*. Lo que la internalización hace es traer al interior (internaliza) lo que estaba en el exterior. Suena un poco misterioso, y lo es. Es un proceso gradual por el cual los patrones, tonos, retroalimentación y las cadencias de nuestras relaciones se integran a la estructura interna de nuestra mente, de nuestra psique.

La internalización comienza con el nacimiento, cuando comenzamos a adoptar un sistema para autotranquilizarnos. Piense en lo que sucede cuando una madre tranquiliza a un bebé que está llorando. La rapidez con que el bebé pasa de un estado de malestar y frustración al de alegría y seguridad. Tranquilizar es uno de los poderes del otro. Sin embargo, después de unas horas, el alivio ha desaparecido y se necesita de nuevo. Todavía no se ha internalizado.

Inicialmente, necesitamos que la persona que nos cuida nos proporcione alivio, pero con el paso del tiempo, con la clase correcta de relaciones, desarrollamos la capacidad de proporcionarnos nosotros mismos ese alivio y esa seguridad. A esto me refiero con autotranquilizarnos. El recurso que antes era externo ahora es interno, una parte integrada al bebé: internalizada.

Este proceso continúa en todas las etapas del desarrollo humano: nuestras experiencias con otros entran en nosotros continuamente y se codifican en nuestro sistema operativo. De esta manera, el poder de estas relaciones se multiplica, proveyéndonos idealmente una base sólida para interactuar con el resto del mundo. Al principio, una advertencia de nuestros padres: «¡No toques la estufa! No le tires de la cola al gato». Poco a poco, esa voz de «no» empieza a vivir dentro de la cabeza hasta que un día, al acercarse al borde de la acera, el niño vacila, afloja el paso, se detiene, y se vuelve a buscar a mamá o papá para pedirles permiso para cruzar la calle. Al igual que el autotranquilizante, la voz de «no» requiere tiempo y práctica para quedar internalizada. A medida que el no externo de los padres se repite una y otra vez, con un tono emocional positivo y las consecuencias necesarias, surge en el interior del niño una nueva *estructura* psíquica; se crea en el interior del niñito un músculo «no» interno, la capacidad de decir «no» desde adentro, incluso de forma automática.

Esto me pasó a mí también. El «cómo escribir un libro» que antes estaba en el exterior se mudó a mi interior, así que aunque nunca he vuelto a trabajar con aquel consultor, él me ha ayudado a escribir todos mis libros porque el conocimiento de estructura que aprendí de él fue internalizado en mi cerebro. Cada vez que me he acercado peligrosamente a la Calle Posposición, su voz ha resonado dentro de mí dándome la estructura que necesito para mantener el rumbo. He utilizado los conceptos básicos de ese sistema y proceso estructurado para cada libro que he escrito desde entonces.

La lección de desarrollo aquí es que las voces externas, aquellas relaciones e interacciones con el otro que han capacitado, limitado, corregido y alentado al niño para dar y estar en control del siguiente paso se han internalizado y ahora están disponibles para que las use *por él mismo* en su caminar por el mundo, por el resto de su vida. Ahora, literalmente, escucha esas voces en su propia cabeza. Usted podría entender mejor esto si alguna vez ha ido a ver a un psicólogo que le dijo: «Usted tiene algunas viejas grabaciones o voces en su cabeza con las que tenemos que tratar». No estaba jugando ni se trataba de una simple cháchara psicológica. Es ciencia. Las relaciones y experiencias antiguas viven dentro de nosotros y continúan afectándonos. En el libro de Halvorson, *Succeed* (Kindle loc. 873-80) se cita un estudio que demuestra el poder del otro; en este caso, los padres. Mientras que un grupo de estudiantes resolvía problemas matemáticos complicados, los nombres de los padres de los estudiantes aparecían subliminalmente en una pantalla. El padre internalizado afectó el rendimiento sin que el estudiante se diera cuenta:

El psicólogo James Shah entrevistó a estudiantes universitarios para determinar cuán importante era para el padre el alto rendimiento del estudiante. Él descubrió que cuando los

*estudiantes eran expuestos subliminalmente (inconsciente-
mente) al nombre de su padre antes de resolver una serie de
problemas difíciles, aquellos que asociaban a su papá con la
meta del alto rendimiento trabajaban con más ahínco y tenían un mejor desempeño. Además, mientras más estrecha era
la relación con el papá, mayores los efectos.*

Sin embargo, cuando terminó el experimento, no tenían
ni idea *de que habían estado esforzándose más de lo usual.
La meta del alto rendimiento fue motivada por pensamientos
inconscientes de sus padres y se esforzaron por alcanzarla sin
darse cuenta. Interesantemente, el pensamiento inconsciente sobre un ser querido que* no *aprueba una meta también*
puede inhibir *el intento: es menos probable que usted quiera
embriagarse o dejar todos los platos sin lavar en el fregadero
si su mente inconsciente está viendo a su madre apuntándole
con un dedo de desaprobación o suspirando decepcionada.*

Halvorson también describe una investigación interesante
que demuestra que para personas «rebeldes», el recordatorio su-
bliminal de un padre a quien le encante el alto rendimiento, ¡provoca *menos* esfuerzo y un *peor* desempeño! (Y claro, cualquier
maestro o patrono que alguna vez haya intentado que alguien
con problemas de autoridad haga algo ya sabía esto).

Deténgase y piense por un minuto en estos hallazgos. Este
es el poder que otra persona puede tener en nuestro desempeño,
incluso cuando esa persona no esté ni siquiera cerca de nosotros.
Pero sí lo están: *viven en nuestras cabezas*. ¡Papá sigue ahí! (Al re-
flexionar en eso, algunos de ustedes estarán agradecidos, y algunos de ustedes, no tanto, ¿cierto?).

No se preocupe… la buena noticia es que el proceso continúa a lo largo de nuestras vidas. Nuevas relaciones proporcionan voces y lecciones *nuevas* que se internalizan, y a veces actualizan o reemplazan las anteriores. En efecto, las nuevas voces positivas que vienen de nuestras conexiones de Cuarta Esquina a menudo nos ayudan a ver por qué es prudente descartar algunas de esas viejas internalizaciones negativas. Esa es otra razón para tratar de pasar más tiempo en la Cuarta Esquina. Sus nuevas voces de Cuarta Esquina pueden internalizarse y superar las viejas. De una forma u otra, positiva o negativa, nuestro rendimiento se afecta por todas estas voces, las del presente y las del pasado. Si usted realmente quiere superar su límite actual, su tarea más importante es correr a la Cuarta Esquina y permitir que entren a su cabeza las voces correctas.

¡NO SE TRATA DE USTED!

Al llegar a los sesenta, el director ejecutivo de una empresa pública valorada en varios miles de millones de dólares comenzó a preparar un plan de sucesión. A él le preocupaba cómo pasar a una nueva etapa en su vida al tiempo que se aseguraba que la compañía continuara prosperando y funcionando sin él estar al frente dirigiéndola. Un día me compartió su preocupación: «¿Cómo puedo seguir adelante y que la compañía siga igual, *como si estuviera allí*? Siento que todavía todo sube y baja conmigo, y mi equipo de trabajo actúa como si así fuera. Quiero estar totalmente fuera, fuera del equipo, y que ellos sigan adelante sin perder la dirección».

¡Bingo!, pensé. Esa es exactamente la tarea de los líderes, de los padres, y de otros en roles de apoyo. ¿Cómo podemos asegurarnos que nuestras lecciones, experiencias y valores sigan vigentes sin tener que nosotros estar allí en todo momento? Esa es la magia de la internalización.

Recuerdo una conversación que tuve con alguien que quería saber cómo me sentía por el hecho de que a mi hija adolescente pronto le empezarían a aparecer los noviecitos. Me preguntó: «¿Piensa entrevistar a cada joven antes de que salga con su hija para asegurarse de que es la persona adecuada?». No pude evitar sentir que lo que esta persona realmente estaba preguntando era si yo estaba o no a la alturas de sus estándares de padre «honorable».

No mordí el cebo.

—¿Qué tal si estoy fuera de la ciudad esa noche? —le pregunté.

—Buena pregunta —me dijo—. ¿La dejaría salir si estuviera fuera de la ciudad y no pudiera entrevistar al candidato?

Pausé por un segundo y luego le di vuelta a la situación.

—Déjeme preguntarle algo a *usted*. ¿Le preocupa que vaya a dejar salir a mi hija con alguien que no apruebo? ¿Quiere usted asegurarse de que yo me asegure que ella no salga con muchachos destructivos que no son buenos para ella?

—Exactamente —me dijo—. Quiero asegurarme que usted la va a proteger.

—Entonces, mi respuesta es: *¡absolutamente!* Voy a entrevistar a cada uno de esos muchachos, y me voy a asegurar que son buenos para una cita con mi hija. Aun si estoy fuera de la ciudad.

—¿Cómo? Un momento —dijo confundido—. ¿Cómo lo va a hacer si está fuera de la ciudad?

Entonces, le expliqué a mi amigo:

—Teniendo el tipo de relación con mi hija en la que mis valores han sido sólidamente internalizados en su cabeza. Ella evaluará a cada pretendiente *con su propio juicio* si es o no la persona correcta, y confío que su pensamiento incluya el mío. Quiero que ella escuche mi voz en su cabeza preguntándose: «¿Es el muchacho correcto? ¿O es un muchacho egoísta e irresponsable que no te conviene?».

Luego le expliqué por qué no tenía necesidad de estar presente antes de cada cita. Le dije que era importante que mi hija internalizara los valores de un padre que la ama y que quiere lo mejor para ella. Le dije que ella tiene que apropiarse de esos valores, porque si los valores que la protegen de los muchachos inapropiados viven en *su* cabeza, entonces la van a proteger cada vez que salga de la casa y mucho después de mi entrevista.

—En su sistema —le dije—, mi protección termina en la puerta cuando ellos se van. En mi sistema, estará presente mientras dure la salida. Y aun después. Lo que quiero es *confiar* en ella, no *controlarla*. Y sí, si se da el caso que estoy en la ciudad, voy a estar en el porche, con mis overoles y una escopeta, y lo voy a entrevistar.

Eso también es parte de la internalización... ¡ponerme mi camuflaje y camiseta y salir a conocer al muchacho!

Lo que una vez estuvo afuera ahora está adentro. Cuando alguien le ofrezca drogas o sexo en una cita o en una fiesta, quiero que se encuentre conmigo de frente y escuche: «¡Desaparece de mi vista!», *aun cuando yo no esté allí*. Ella se lo va a decir.

De vuelta a mi conversación con el director ejecutivo a punto de jubilarse. Estuve de acuerdo con él en el sentido que era importante para la empresa continuar con los mismos valores, y la solución que le ofrecí lo liberó para seguir adelante. Le recordé que en las primeras décadas de esta empresa sus empleados habían trabajado con él día tras día. Habían tenido la oportunidad de ver cómo pensaba, entender lo que valoraba y adaptarse y aprender de él todos los días. Sus valores y sus visiones se habían internalizado, establecido en una cultura que estaría allí incluso cuando él se jubilara. Nuestro trabajo, le dije, era asegurarnos en forma proactiva que el «ADN» que hizo a la empresa grande —mucho de ello a través de la voz y los valores de él— se pasara a los nuevos empleados en *todos* los niveles.

Juntos nos enfocaríamos en esa internalización. Él necesitaba hacerla una iniciativa estratégica. Desarrollaríamos un plan estructurado para asegurarnos que el ADN cultural de la compañía estuviera presente en toda la organización y que estaría allí, en cada reunión aun cuando él ya no estuviera circulando por los pasillos del edificio. Y como lo haríamos a través de su equipo, los ayudaría a desarrollarse aún más.

Nuestra tarea consistía en averiguar qué partes de la organización todavía dependían de su presencia, sobre todo en los diferentes niveles de la organización, y acelerar el proceso de internalización para que ese sentido de dependencia quedara eliminado. Una de las tareas más importantes en las que trabajo con ejecutivos de alto nivel que simplemente no pueden desentenderse de ciertas cosas es convertir lo que saben en un proceso, una fórmula repetible o un sistema que puedan enseñar y entrenar a otros para su uso. Siempre sorprende a la gente la cantidad de cosas que realmente pueden soltar si tan solo descubren cómo sacarlas de su cabeza y llevarlas a la cabeza de otros. Descubren que no son tan indispensables como pensaban, y se sienten libres para asumir las clases de objetivos desafiantes que la empresa necesita para crecer y prosperar.

CAMBIE DE CANAL

Cuando somos pequeños, no podemos seleccionar los tipos de relaciones a las que estaremos expuestos o cuáles de esas voces comenzarán a reproducirse en nuestras cabezas. Pero a medida que maduramos y reconocemos que podríamos estar llegando a un límite, tenemos la oportunidad de elegir en qué tipo de relaciones queremos participar, qué clases de voces internalizar con el fin de llegar más lejos y alcanzar mayores alturas. Afortunadamente, las investigaciones en el área de la neurociencia están demostrando que se pueden *remodelar las conexiones de nuestro cerebro*, literalmente. Solo porque escuchaba voces que lo menospreciaban no significa que no pueda escuchar otras nuevas. Su cerebro está expuesto a descargas y actualizaciones de su *software*, pero al igual que su teléfono celular, *tiene que conectarlo a una buena red, con datos ilimitados y sin virus.*

Una de mis quejas es que muchos (no todos) de los métodos psicológicos y técnicas popularizadas, incluso profesionalizadas, en las últimas décadas ignoran la internalización por completo, a pesar de que es la base de todo crecimiento. Piense en estas frases populares:

- ¡Cambie su pensamiento, cambie su vida!

- ¡No puede amar a nadie hasta que no se ame a usted mismo!

- Descubra el «poder interior».

- Supere el miedo con una «autoconversación» positiva.

- El pensamiento positivo: la clave para el éxito.

- ¡Usted tiene el poder!

Aquí está el problema. Ninguno de estos eslóganes reconoce el poder de la «palabra con r»: *Relación*. Sin embargo, todas las investigaciones apoyan la opinión de que la R en mayúscula es la clave para la C en mayúscula: *Crecimiento*. No me malinterpreten. Hay verdad en cada una de estas metodologías. Por ejemplo, sabemos que los mensajes destructivos internos de la «autoconversación» pueden ser una verdadera fuente de dolor y pueden limitar el desempeño en todas las áreas de la vida, por lo que deben reemplazarse con la autoconversación positiva. Y sin duda tenemos el poder personal, la agencia o la autoeficacia que ya vimos. Pero lo que limita estos enfoques es suponer que simplemente podemos *hacer* esas cosas. Es *como si* todos pudiéramos mejorar como un sistema cerrado; *como si* todo se redujera a nuestro propio pensamiento y decisión; *como si* sencillamente pudiéramos hacerlo, aun cuando nunca antes hayamos podido lograrlo. *¡Como si!* El eslogan que me parece más irritante es el que dice que «no podemos amar a nadie hasta que no nos amemos a nosotros mismos». Cuando su coche está sin combustible, usted tiene que ir a una estación de servicio. No es cuestión de hablar con usted mismo hasta que el combustible aparezca.

Esto nos lleva de vuelta al fracaso para prosperar que vimos en el primer capítulo. Incluso si nuestras necesidades físicas son satisfechas, no podemos desarrollar la capacidad de amar y vincularnos con los demás a menos que otra persona se haya preocupado por nosotros y nos haya demostrado su amor. De nuevo tenemos al «otro». Si usted nunca ha disfrutado de relaciones de cuidado y relaciones regulares por las que dichas habilidades se internalizan, entonces no será capaz de amar a otros. Personas carentes de amor no pueden amar a los demás desinteresadamente. Estarán operando en un vacío de inseguridades y necesidades. Seguramente usted ha visto lo que ocurre cuando una persona que nunca ha tenido una relación cálida de dar y recibir entra en el matrimonio, donde se requieren esas habilidades. No funciona, y si solo se les esté diciendo «ámense primero a ustedes mismos» tampoco va a funcionar.

Aquellos que nunca han internalizado el amor a menudo buscan y funcionan en sus relaciones en formas inmaduras y autotranquilizantes. Luego, tan pronto como la relación les falla en una u otra manera, no tienen los recursos relacionales internos o la capacidad en ellos para luchar contra el fracaso y la relación dañada. En ese punto, cuando están luchando para hacer que la relación funcione, decirles «solo ámate a ti mismo» no sería solo inútil, sino que sería un mensaje enteramente equivocado. En lugar de esto, deben encontrar a alguien que los apoye, los ame y les enseñe *cómo* amar a los demás, entrenándolos como lo haría un buen padre. Otros van a tener que darles algo para que entonces así ellos tengan algo que dar. *El amor no empieza por uno mismo*. El amor comienza recibiendo amor, internalizándolo y, entonces, dándolo a otros; es decir, haciendo lo mismo por los demás.

Así que, escúcheme bien. Lo que estoy diciendo es que la capacidad de desarrollar conexiones profundas primero viene de *afuera*; luego la internalizamos neurológica, biológica, psicológicamente y de otras maneras, a través de buenas conexiones, modelos, y así por el estilo. Aprendemos a calmar y a regular nuestras emociones cuando un sistema tranquilizador externo se internaliza. Aprendemos a desafiarnos a nosotros mismos cuando alguien nos desafía a ir más allá de los límites hasta entonces reconocidos por nosotros como insuperables hasta que aprendemos a hacerlo por nosotros mismos. Aprendemos a pensar diferente y a pensar en lo que estamos pensando cuando tenemos a alguien que nos observa y que hace que nos observemos. El alambrado, los patrones y otros componentes de nuestro equipo para hacer esto, en gran medida, se internalizó *primero* desde fuera.

Esta es la esencia del mejor entrenamiento y para el desarrollo de alto rendimiento. La conocida superación personal —el proceso de mejorar— es en realidad un asunto relacional, no «personal». Aquí entra en juego una interesante palabra derivada, destacada por Csikszentmihalyi, con respecto al papel de la competencia en la mejora del rendimiento. Cuando los individuos buscan crecimiento y autosuperación en el ámbito *competitivo*, no es el ganar lo que los motiva, sino la presencia del *otro* en la competicia. La palabra *competir* proviene del latín *competere*, «buscar juntos». El aspecto de «juntos» es lo que nos impulsa. ¡Me encanta! Como lo destaca en *Flow* (Kindle loc. 1570-1576):

> *Lo que cada persona busca es actualizar su potencial, y esta tarea se facilita* cuando otros nos obligan a esforzarnos al máximo *[énfasis añadido]. Por supuesto, la competencia mejora la experiencia solo mientras la atención se centra principalmente en la actividad misma. Si las metas extrínsecas —tales como golpear al oponente, impresionar a la audiencia, o conseguir un jugoso contrato— son lo que nos preocupa, entonces es probable que la competencia se convierta en una distracción, en lugar de un incentivo para centrar la atención en lo que está sucediendo.*

¡Qué gran visión del poder del *otro*… compitiendo y tratando juntos de alcanzar la meta! Necesitamos a los otros no para ganarles o para demostrarnos a nosotros mismos o a otros que somos buenos, sino simplemente para aprovisionarnos del valor intrínseco que la competencia tiene para nuestros más altos propósitos. Es buscar su mejor yo; el real, auténtico e intrínseco *en el contexto de otros*. Ya sea un entrenador o el nadador en el carril de al lado, se requiere ese empuje relacional para que Michael Phelps alcance el siguiente nivel. El otro es clave para ser mejor.

Entonces, ¿dónde estamos? Ya vimos en el capítulo anterior que necesitamos al otro para que nos presione y nos mantenga alineados con los pasos pequeños —los pasos para ir mejorando— en cualquier proceso de dominio de algo o de aprendizaje. Hemos visto que esos pasos deben internalizarse hasta que lleguen a ser parte de nosotros. Ahora bien, como el capítulo anterior lo terminamos con la pregunta: «¿Cómo se mantiene en esta bien balanceada dieta (de la Cuarta Esquina) para el resto de su vida?», examinemos ahora la respuesta.

ESTRUCTURA

Si usted fue a la universidad o a una escuela de posgrado, es posible que se haya sorprendido la primera vez que vio que tenía la opción de estudio independiente. Cuando le preguntó a su consejero qué era eso, le explicaron que podía obtener crédito estudiando por su cuenta propia, bajo la supervisión de un profesor. Usted trabajaría con el profesor o la profesora en la selección del tema, la dirección, los objetivos, los plazos y los requisitos, y luego trabajaría por cuenta propia.

—¿En serio? ¿Sin clases? ¿Sin programa de estudio? ¿Sin exámenes? —preguntó.

—Correcto. Todo es por su cuenta. A estas alturas, se supone que ya puede organizar su agenda y asegurarse que está cumpliendo con todo. Esto le da la libertad de aprender lo que quiere aprender, y hacerlo a su manera.

¡Tremenda oferta!, pensó. *¡Aceptada! Puedo quedarme durmiendo, y aun así obtener créditos. ¿Por qué no es así la escuela en general?*

Bueno, hay una buena respuesta para eso. Si toda su escuela hubiera sido así, no sería capaz de leer ni de muchas otras cosas. No tendría la ventaja de la estructura que le dieron esos primeros doce o trece años, así como la mayoría sus cursos universitarios, que le permitieron desarrollar la capacidad para ahora hacerlo por su cuenta. En otras palabras, estudiar en forma independiente es posible solo cuando se ha desarrollado la capacidad para el autoaprendizaje, algo que fue internalizado de la estructura que recibió en todos los otros grados y clases. La estructura externa nos forma, se internaliza y se convierte en la estructura interna *si* se combina con relaciones y experiencias de internalización. Eso la distingue del encarcelamiento. La cárcel es también una estructura, pero no ayuda mucho al desarrollo si no está combinada con los procesos de los que hemos hablado a lo largo de este libro. Son simplemente límites externos.

A veces, la palabra *estructura* tiene una mala reputación, pero en realidad tiene su raíz en el latín *struere*, «construir». La Real Academia Española la define como «disposición o modo de estar relacionadas las partes de un conjunto». Como verbo significa «articular, distribuir, ordenar las partes de un conjunto».

¡Guao! ¿No cree que es esto de lo hemos venido hablando; tanto el qué como el cómo? Mejorar el desempeño es exactamente eso. Ya sea que usted quiera nadar más rápido o convertirse en un mejor líder tendrá que desarrollar capacidades organizándolas en un patrón definido de organización. Y recuerde aquí la investigación de Siegel: la mente, formada en relaciones, es la pieza organizativa y reguladora del equipo. Una estructura interna que surgió de la estructura externa que proveyeron las relaciones.

Y para estructurar (construir) una mente u otras capacidades de rendimiento, usted necesita un plan. El aprendizaje no se produce por obra de birlibirloque; tiene que ser bien estructurada con un sólido fundamento. Para remodelar un edificio, se ponen andamios hasta que el nuevo encuadre y las paredes sean lo suficientemente fuerte para soportar el techo. Cuando se hornea un pastel, se vierte la mezcla en un molde para darle forma. Lo que sea que se esté construyendo tiene que recurrir a un soporte externo que le ayude a levantar la estructura interna. Al igual que un bebé que gradualmente forma las estructuras internas para tranquilizarse por sí mismo, así ocurre con el pastel que termina siendo suficientemente firme una vez que ha levantado y tomado la forma del molde mediante una serie de reacciones químicas internas. El mejoramiento se produce a través de un proceso de formación desde el exterior, hasta que la habilidad exista independientemente de la fuente de la estructura. Solo entonces se puede retirar el andamio. O el molde del pastel, o incluso la sala de clases y las tareas.

Por lo tanto, cada vez que usted se embarque en el objetivo de superar límites, debe tener en cuenta varios factores:

1. ¿Qué capacidad estamos tratando de desarrollar?

2. ¿Qué ingredientes necesitaremos?

3. ¿Qué proceso usaremos para formar la nueva estructura?

Por ejemplo, si tratamos de mejorar las capacidades relacionales de un ejecutivo, la capacidad de escuchar, de comunicarse con claridad, o dirigir a otros, trabajaremos con él para identificar qué tipo de información se está comunicando en qué tipo de relaciones, y qué clase de experiencias impartirán las cualidades deseadas.

Estos son los componentes del proceso que tenemos que estructurar. Luego, tiene que haber un plan para lograr el objetivo deseado. Hay que pensar cuánto tiempo va a requerir, cómo se medirá el progreso, y cuántos encuentros se requerirán para tener logros a lo largo del proceso.

Por investigaciones y experiencia, sabemos que se necesitarán múltiples encuentros, una cuidadosa secuencia de interacciones en el momento adecuado y en la cantidad precisa para que el proceso de internalización se afiance. Michael Phelps no se convirtió en un medallista de oro trabajando con su entrenador unas cuantas veces en el año, ni usted superará sus límites si no se compromete a invertir tiempo y recursos en sus relaciones de Cuarta Esquina. Y la dosis correcta es igualmente importante; es decir, ni muy poco ni demasiado a la vez. Phelps no nadaba solo una vuelta, ni tampoco cinco mil todos los días. Había una cantidad adecuada para desarrollar la habilidad.

En mi trabajo con los clientes, me gusta llamarlo «el cociente del crecimiento estructural». Es un sinónimo de la dosis correcta; es decir, el número que no está funcionando, más uno. Por ejemplo, si he decidido reunirme con mi mentor en redacción cada dos semanas, pero no estoy haciendo mi tarea correctamente, añado otra reunión o interacción a la fórmula. En lugar de reunirnos cada dos semanas, ahora nos reuniremos todas las semanas. Si eso aún no funciona, entonces debemos reunirnos con más frecuencia. Tiene que ser con la frecuencia suficiente para que ayude a la formación de patrones positivos, pero no tan frecuentemente que las paredes de la nueva estructura interna no alcancen a solidificarse. Debo disponer de tiempo para trabajar entre reunión y reunión.

Tengo un amigo que había sido un alcohólico empedernido. Había perdido tres empresas y varios matrimonios. Cuando lo conocí, había estado sobrio por veinte años. Había jugado un papel importante iniciando movimientos de recuperación en varias comunidades. En una ocasión, después de escuchar el relato de sus días de alcohólico, le pregunté:

—¿Cómo alcanzaste la sobriedad?

—No fue tan difícil —me contestó—. Iba a tres reuniones diarias de Alcohólicos Anónimos.

—¿Tres por *día*? —le pregunté.

—Sí. Mi meta era no parar en una licorería entre la reunión de la mañana y la reunión del mediodía. Y luego llegar a la reunión de la noche. Lo hice así durante bastante tiempo. Luego, me sentí más fuerte y entonces asistía a una reunión diaria y lo hice por bastante tiempo. Ahora, veinte años más tarde, voy solo dos veces por semana.

¡De eso exactamente es lo que estamos hablando! Él añadió

la estructura externa en la dosis que necesitaba, y con el tiempo, lo internalizó. Si no hubiera podido aguantar hasta el mediodía, habría tenido que encontrar una reunión a las diez. El cociente de «lo que no está funcionando, más uno».

¿Cuánto necesita cada cual? Cuando trabajo con directores generales y ejecutivos, esto varía, pero hay una regla que casi nunca cambia: debe haber algún tipo de estructura. Eso no significa que no pueda cambiar, o que no sea variable, pero si no planeamos reuniones regulares, es muy probable que surjan problemas. Sin reuniones regulares, es muy fácil atender las así llamadas interrupciones urgentes. Si hay una resistencia inconsciente al trabajo o a los momentos difíciles que podría producir, es demasiado fácil posponer reuniones. El tiempo juntos debe utilizarse para un trabajo de calidad, no solo para atender las mociones y controlar cosas de una lista. Estamos hablando de la calidad en el uso del tiempo, no solo del número de horas destinadas a reuniones regulares.

He visto en mi propia vida lo importante que es comprometerse con un horario. Con cada una de mis hijas asistí a una clase para padres e hijos en edad preescolar. Las reuniones se celebraban todos los miércoles, de nueve a once de la mañana. Yo estaba emocionado. ¿Qué podría ser mejor que un tiempo garantizado con ellas cada semana? Tiempo a solas con mi hija y los otros pares, en su mayoría madres. Lo llamaba mi grupo de mamás.

La primera semana fue genial: media hora de juego, seguida por una media hora en el patio, seguida por una media hora en un círculo cantando canciones de niños, y luego media hora con los niños comiendo bocadillos y las madres y yo hablando de asuntos relacionados con la paternidad. ¿Cómo se consigue que se queden en la cama toda la noche? Entrenamiento para ir al baño. Disciplina. Tiempo para ver televisión. Cómo despedir a la niñera. (Esa fue una situación muy traumática. La mamá decidió que lo hiciera su esposo, pero el papá se acobardó y terminó contratando a otra persona para hacerlo. Increíble). En fin, aquello me encantaba y estaba listo para el año que recién comenzaba.

La primera semana, estaba en mi oficina, listo para salir a recoger a Olivia, cuando sonó el teléfono. Era un negocio en el que estaba trabajando, algo de cierta urgencia. Miré el reloj y pensé: *Esto es muy importante. Livi no se va a dar cuenta. Ni siquiera lo echará de menos. Necesito ocuparme de esto por esta vez y volveremos a la escuela la próxima semana.* Así que me ocupé del negocio y dejé de preocuparme.

A la semana siguiente, a eso de las ocho y media, otra llamada. La atendí y de inmediato supe que esto era importante y requeriría mucho de mi tiempo. Puse en acción la lógica que había usado la semana anterior. Solo tendríamos que ir la próxima semana y asunto arreglado. Pero entonces sentí como un golpe de *martillo* en la conciencia. *Siempre* habría algo importante que se presentaría en el último minuto. Me di cuenta de que tenía que proteger este tiempo con Olivia para construir la relación que quería tener con ella. Me di cuenta de que tenía que decirle a la persona que me llamaba que no podría atenderle en ese momento y que tendríamos que dejarlo para más tarde. Para ser sincero, trece años después, ni siquiera recuerdo cómo se arregló el asunto (probablemente muy bien), pero sí sé esto:

Atesoro los maravillosos recuerdos de ir a aquella clase juntos, al igual que con Lucy, su hermana, un año y medio después. Aquella experiencia compartida sentó las bases para una relación entre nosotros que siempre valoraré.

Aprendí que la estructura nos permite invertir en las cosas que son importantes para nosotros pero que todavía no existen dentro de nosotros. Hay muchísimas tareas en proceso, retos e incluso crisis que amenazan con descarrilarnos, pero para las cosas que queremos construir —para esas metas de mejorar que queremos alcanzar— tenemos que crear un espacio y una rutina para traerlas a la existencia. Esto significa sustituir viejos patrones y hábitos por otros nuevos. La estructura nos ayuda a hacer eso. Yo había internalizado un patrón de trabajo, crear proyectos, asistir a reuniones y hacer lo que tenía que hacer. Sin embargo, *no* tenía un modelo interno para separar tiempo para una hija en aquellos primeros años como papá. Ese patrón tenía que desarrollarse desde el exterior y luego internalizarse. Eso fue lo que nuestro tiempo semanal juntos ayudó a estructurar. Todos los miércoles, de nueve a once, y punto.

Si usted está tratando de cultivar algo nuevo en su cabeza, en un negocio o en una relación, los patrones existentes en sus conexiones internas seguirán dominando hasta que haya uno nuevo. Y la estructura externa para lograrlo en términos de tiempo y espacio y actividades definidas es lo único que le dará patrones nuevos.

En este caso, la dosis era apropiada para ella y para mí. Hicimos suficientes actividades adicionales juntos para desarrollar la clase estructurada. Con aquella frecuencia, pudimos desarrollar la experiencia. Luego, comenzamos a establecer expectativas. Sabíamos cómo hacerlo, y la conexión se profundizó cada semana. La consistencia fue determinante.

Si sus experiencias y actividades en la Cuarta Esquina están bien estructuradas, van a construir nuevos patrones de alambrado y capacidades en usted que nunca habría sido capaz de construir por sí solo. Así que fíjese en lo que está tratando de desarrollar en este momento con sus diversos interlocutores, incluyéndose usted. ¿Cuál es la dosis correcta? ¿Cuál es la cantidad de tiempo correcta? ¿Cuál es la frecuencia? ¿Qué es lo que debe ocurrir en cada dosis? Al aplicar el cociente de estructura, sabrá cuando algo no esté trabajando o no esté permitiendo que se agregue «uno más» hasta que funcione. Cuando eso ocurra, habrá encontrado la dosis correcta. Si no ocurre, entonces quiere decir que tiene la medicina (actividades) equivocada. Y lo sabrá en ese punto. Hasta que no le preste la atención que merece, no hay manera de saber si va a funcionar o no. Pero recuerde, si bien es cuestión de cantidad de tiempo, no es *solamente* una cuestión de tiempo. Es cuestión de hacer las actividades correctas en el tiempo asignado. Ahí es donde realmente se manifiesta la calidad en la calidad de tiempo. Añada la información correcta, la clase de relación correcta y la experiencia correcta en cada patrón estructurado, y en una dosis suficiente. Si lo hace, los resultados lo sorprenderán.

CAPÍTULO 11

EL TRIÁNGULO DE LAS BERMUDAS DE LAS RELACIONES

Como cualquier otro sistema dinámico, las relaciones de Cuarta Esquina necesitan alimentarse y protegerse. Al igual que su cuerpo tiene dos sistemas que lo mantienen sano —uno que trae y procesa nutrientes, otro que nos defiende contra infecciones y toxinas—, lo mismo hacen las relaciones fuertes y resistentes de la Cuarta Esquina. Hasta ahora hemos visto los componentes de una «dieta» de Cuarta Esquina bien balanceada. En este capítulo, quiero llamar su atención sobre algunas de las bacterias, virus y antígenos, por así decirlo, que podrían poner en riesgo la salud de sus relaciones. Usted y sus compañeros de la Cuarta Esquina tienen que repeler esos agentes enemigos desarrollando inmunidad a ellos, pero primero usted tiene que ser capaz de identificarlos y cercarlos con fuerza. Veamos una de las «enfer-

medades» más perniciosas que pueden afectar una relación de
Cuarta Esquina: la triangulación.

LA TRÍADA MORTAL

Cuando niño, vivía fascinado con el Triángulo de las Bermudas.
Según la leyenda, aviones y barcos tendían a desaparecer allí. Las
relaciones de Cuarta Esquina se arriesgan a resultados similares
cuando la comunicación entra en su propio triángulo oscuro. Estoy hablando de una situación en la que A debería estar hablando
con B pero, en lugar de esto, está hablando con C *sobre* B. Obviamente, es imposible para A resolver sus problemas con B si B
no le habla, pero este es solo el comienzo del problema con este
estilo indirecto (también conocido como pasivo-agresivo) de *in*-
comunicación, al que me gusta llamar triangulación. La cualidad
destructiva de este tipo de enredo es más que preocupante. He
aquí el porqué.

La triangulación establece una tríada llamada víctima-per-
seguidor-rescatador (VPR); a lo que llamo el Triángulo de las
Bermudas de las relaciones. Esto funciona así. Yo soy A, usted es
B, y alguien más es C. Digamos que yo estoy molesto con usted
o en desacuerdo o no me gustó la forma en que me confrontó
recientemente. Me siento como la víctima de algo que me hizo,
y eso lo hace a usted el perseguidor. Entonces, en lugar de hablar directamente con usted acerca de lo que me molesta, llevo
mis sentimientos heridos a una tercera persona compasiva, quien
se convierte en mi rescatador. Me quejo por lo malo, incorrecto,

abusivo o agresivo que fue usted por lo que hizo o dijo. No le estoy pidiendo a mi rescatador una legítima retroalimentación sobre nuestro conflicto ni le estoy pidiendo que me ayude a resolverlo. Eso sería una buena motivación, pero en lugar de eso, estoy hablándole solo para recibir validación de que yo estoy bien y usted está mal. Quiero el apoyo de C para mi versión del argumento. Esto me hace sentir mejor, alivia mi dolor y evita que tenga que hablar directamente con usted.

Hablar con alguien de confianza a menudo puede ser útil, pero en el escenario VPR no estoy buscando ni verdad ni crecimiento en mi conversación con la tercera persona, C. Lo que estoy buscando es que C me rescate de esta mala persona (usted) y de sus malos comentarios o, que al menos, valide los *míos* sobre los *suyos*. Lo que busco es sentirme bien. Lo que quiero es que esta tercera persona esté de acuerdo conmigo, quejarme de usted y asegurarme que mis sentimientos son válidos. Quiero que C me escuche cuando yo digo: «¿Puede usted creer que me haya tratado de esa manera? ¿Qué derecho tiene para decirme lo que me dijo o juzgarme como lo hizo?». Quiero que C esté de acuerdo conmigo en mi dolor y se una en mi ira por lo que B (usted) hizo. Estoy tratando de que esa persona se ponga de mi lado en contra de usted. Estoy buscando validación, no resolución ni crecimiento. Quiero que mi rescatador diga: «¡Por supuesto que tienes toda la razón! ¡Él (usted) se comportó como un imbécil!».

¿Ha visto esto alguna vez en un equipo de liderazgo? Digamos que hay una reunión, se discuten los temas, se comparten perspectivas y se presentan opiniones. Parece que todo el mundo está en la misma página, ¿cierto? La reunión termina y ¿qué ocurre? Dos personas se reúnen en el pasillo para lo que comúnmente se conoce como «la reunión después de la reunión». Allí dicen cosas que no dirían a nadie directamente en la reunión. No tienen ningún problema en hablar basura y tratan de encontrar a una tercera persona que se les una mientras están fuera del alcance del oído de los demás. Dicen cualquier cosa allí en el pasillo, pero no están dispuestos a traer sus inquietudes de vuelta al salón de reunión y compartirlas con los demás y, ciertamente no con la persona que consideran responsable del problema que les preocupa. En su lugar, le dicen a alguien: «¿Puede creer que él realmente crea eso?».

Este no es el espíritu o el método para que se desarrollen relaciones de Cuarta Esquina. Tampoco es el tipo de comunicación estratégica que emplearía alguien que desea superar los límites existentes.

Si estoy enojado con usted o siento que me ha herido o discrepo de su opinión, yo (y usted) realmente necesitamos hablar directamente para resolver el asunto. Esa es la única manera de solucionarlo. En ausencia de ese dar-y-recibir, se enconan malos sentimientos y se propaga una infección, que no solo envenena una relación, sino también el estado de ánimo y las conexiones positivas de todos los involucrados.

La razón de esto es que ahora la triangulación ha creado división entre B y C, *¡que ni siquiera habían tenido un conflicto!* La persona C tiene solo un lado de perspectiva sobre lo que pasó. ¡Quién sabe qué hizo la persona B! La persona C solo tiene una versión, que pintó a B como absolutamente equivocada. Las quejas de A podrían incluso ser válidas, pero C no lo puede saber sin escuchar el otro lado.

Es posible que B realmente esté equivocado o haya sido hiriente en sus comentarios, pero como A no se lo dijo, tal vez B ni siquiera sepa por qué A está molesto; y por lo tanto no hay posibilidad de que pueda remediar la ofensa o cambiar su conducta. Además, como A se saltó el proceso directo, ahora siente absolutamente cero inclinación o motivación para analizar *su* posible parte en el conflicto o preguntarse si también él pudo haber estado equivocado o, tal vez, podría actuar mejor la próxima vez. Al endosar la versión de A de lo que ocurrió y hacer que se sintiera mejor, C lo ha «rescatado» de considerar esa posibilidad. Según el «rescatador», A es totalmente inocente y, por lo tanto, A no tiene ninguna motivación para mirar a su interior. Aún más firme en su posición que antes, el intercambio entre A y C también lo hace sentirse moralmente superior a B.

¿Ve lo que quiero decir? Esto es *muy* destructivo. *El divisionismo es una de las fuerzas más destructivas en equipos, empresas, familias, matrimonios, amistades, y cualesquier otro sistema relacional*. No solo impide las soluciones, el crecimiento y el movimiento hacia adelante, sino que también empeora los problemas al enfrentar a una persona contra otra y crear nuevas divisiones en los equipos, las familias u organizaciones.

Así es como juntas de directores, equipos, empresas, matrimonios, círculos de amigos, familias extendidas y otros sistemas relacionales se aíslan los unos de los otros, y con frecuencia se separan o se dividen para siempre. La víctima y el rescatador, al sentirse moralmente superiores, deciden irse para formar otra empresa, iglesia u organización. El cónyuge que se siente víctima en el matrimonio encuentra una oreja-rescate comprensiva en la oficina, el gimnasio o en el bar. De repente, siente que lo escuchan y lo entienden, validado por una nueva persona, y eso solo causa aún más conflicto y división. Ocurre todo el tiempo.

El problema es que con frecuencia, la relación entre la víctima y el rescatador también se echa a perder, y pronto uno de *ellos* se siente víctima del otro y sale en busca de *otro* rescatador. Ellos tienen un patrón. Como ninguno de los dos ha desarrollado destrezas para la solución de conflictos, van de una relación a otra, de un trabajo a otro, de un socio a otro, de una iglesia a otra, de una comunidad a otra y así, sucesivamente. Con un simple patrón, la triangulación, se las han arreglado para mantener los problemas sin resolver, poniendo a las personas una contra la otra, evitando el crecimiento y el cambio individual, dividiendo organizaciones e infectando otras situaciones con el mismo patrón. Como cualquier tipo de cáncer, sin control, se propaga y destruye más y más células. Las personas que utilizan a los rescatadores para su validación rara vez se miran a sí mismos y cambian. Como resultado, repiten el mismo patrón una y otra vez, destruyendo relaciones, equipos de trabajo y organizaciones.

Como una persona de fe, a menudo viene a mi mente un pasaje muy duro del Nuevo Testamento (Tito 3.10-11). Por mucho tiempo, no entendí lo que quería decir. Al leerlo ahora me suena bastante severo. Está dirigido a la comunidad de la iglesia y dice: «Al hombre que cause divisiones, después de una y otra amonestación deséchalo, sabiendo que el tal se ha pervertido, y peca y está condenado por su propio juicio».

Parece bastante extrema la recomendación, ¿verdad? Eso pensaba hasta que me convertí en consultor de liderazgo y pasé unas cuantas décadas trabajando con equipos y organizaciones. Allí aprendí algo: *la gente divisionista causa más daño que cualquiera de las aportaciones que puedan hacer*. Si son realmente divisionistas, *tienen* que irse. No porque el problema no pueda solucionarse;

casi todo se puede resolver si las personas están dispuestas a poner de su parte, evaluarse a sí mismas y aceptar su parte en el problema. El verdadero problema es que las personas que acostumbran a hacer esto *no* están dispuestas a evaluarse ni a tratar de resolver los problemas. Más bien, prefieren buscar a otros que se pongan de su lado y que estén de acuerdo con ellos en lugar de crear unidad y buscar soluciones. No puedo contar el número de casos desagradables y disfuncionales a los que he sido llamado a intervenir y que finalmente se resolvieron cuando el jefe pidió a la persona divisora que renunciara. Personas que anteriormente habían estado unos contra otros descubrieron que simpatizaban. He visto a uno volverse a otro y preguntar: «¿Por qué me caías tan mal si eres un buen tipo?». Yo puedo decir por qué: *porque la persona divisiva estaba creando problemas e instigando a la disensión.*

Una de las mejores culturas organizacionales que conozco y con la que he tenido el privilegio de hacer muchos eventos es la compañía de Dave Ramsey, *Ramsey Solutions*. Es probable que la conozca a través de la *Dave Ramsey Show*, el tercer programa radial en Estados Unidos. Hay muchas razones para el éxito y la cultura floreciente que Dave y su equipo han desarrollado, pero una de ellas es tomar la triangulación por el pescuezo. La compañía tiene una regla de «cero chismes». Si alguien está chismeando acerca de alguien en vez de hablar con esa persona directamente y aclarar cualquiera situación, al chismoso se le da una advertencia y se le despide si la advertencia no surtió efecto. Este es un principio muy directo, claro y efectivo. Y lo más interesante es que esta es una cultura de un debate sano, de alta retroalimentación y relaciones de calidad. Tener esa regla ha facilitado que las personas digan lo que piensan; es una necesidad si quieren conservar sus puestos de trabajo. ¿A quién no le gustaría ser parte de esa clase de cultura de Cuarta Esquina?

LA SOLUCIÓN

La solución para evitar la triangulación es no permitir que suceda más, pero eso implica más que simplemente decirle a la gente que deje de hablar de los demás. Los gérmenes están siempre en el aire; no faltarán ocasiones en que nos encontremos hablando a C sobre B, aun cuando sean cosas inofensivas. Siempre habrá opiniones acerca de alguien cuando esa persona no se encuentra en la sala. A menudo son comentarios necesarios, pero algunos pueden convertirse en infecciosos, y ahí es cuando necesitamos el sistema inmunológico para desactivarlo. Para detener la infección hay algunos pasos importantes.

Primero, identifique el problema por su nombre. Empiece hablando de la enfermedad de la triangulación con las personas que podrían estar afectadas. A veces la intención de las personas no es nefasta, sino que en ocasiones anteriores trataron de hablar directamente con alguien y no les funcionó y ahora temen que ocurra lo mismo. En ocasiones A y C *hablarán* de B porque, por experiencias anteriores, hablar directamente resultó peligroso.

Dígales que ha notado que a veces hay una reunión después de la reunión. Que a veces eso puede estar bien, si se trata de algo constructivo. Incluso puede ser constructivo hablar con C acerca de B si lo está haciendo por un buen motivo, como por ejemplo aclarar sus pensamientos u obtener alguna recomendación sobre cómo abordar a B. A veces C puede ayudar a entender mejor o a suavizar alguna molestia de modo que pueda relacionarse con él de una forma mejor. Eso no es chisme, ni es algo divisivo *si se hace en el espíritu de tratar de sanar alguna herida emocional o encontrar una solución a un problema*. Todo depende del motivo y del efecto. Si la conversación está orientada a hacer las cosas mejor, por lo general está bien.

El problema es que a menudo estas conversaciones laterales no buscan resolver algo, sino *evitar* hablar directamente con la persona que motiva la conversación. La conversación lateral puede resultar tan cómoda que pareciera no dejar razón alguna para enfrentar el problema o a la persona, cosa que de cualquier manera debería hacerse. Esto hace que la persona con la que se tiene el conflicto no se dé por enterada de lo que está pasando con ella. O mantiene al resto del equipo o la familia sin la solución del problema o vuelve a C contra B y entorpece las oportunidades de avanzar. Así que asegúrese de que todos los involucrados sepan por qué tal práctica en realidad es una infección que debe eliminarse.

Segundo, establezca una regla o un pacto con el fin de que todos ayuden a eliminar la triangulación en sus relaciones. No lo haga usted ni acepte cuando alguien le ofrezca la parte del rescatador. Busque un acuerdo entre todos de no hablar a otros acerca de nadie si no se está dispuesto a decírselo a la persona directamente. Si usted tiene un problema con alguien, vaya donde la persona y conversen. Deje claro que usted no va a escuchar a nadie que venga con una queja acerca otra persona, a menos que usted pueda ayudar de alguna manera o le anime a que vaya directamente a la persona involucrada.

Tercero, y este es el momento de la verdad… *Usted y todas las demás personas en su relación tienen que acordar que si alguien les viene con un chisme acerca de una tercera persona, se negarán a oírle.* Prometa que le preguntará a A: «¿Ha hablado con B sobre esto?». Si es así, pregunte qué pasó, y si continúa escuchando, ayude a A a entender el problema y propóngale un plan para resolverlo. No escuche ni le permita a nadie que simplemente venga a descargar un problema y buscar su compasión. Use la conversación para avanzar en la búsqueda de una solución al problema. Dígale a A: «No me siento cómodo hablando de B cuando él no está aquí. No me gusta decir cosas sobre alguien que no se las diría en su cara». (¡Siempre y cuando sea prudente!).

En ocasiones, también me gusta sugerir esto: «¿Por qué no vamos los dos a conversar con él? Me ofrezco para ayudarles a entender el problema. Me parece que así nos acercaríamos más a una solución que solo hablar de él a sus espaldas». Me gustan los miembros del equipo que prometen incluir a todo el mundo. A menudo, todo lo que se necesita, es decir: «Asegurémonos de traer este asunto a *todo* el equipo» o, «Asegurémonos de que todo el mundo esté en la sala».

Cuando hablar directamente pueda ser problemático, o incluso peligroso o destructivo, infórmese sobre qué debe hacer la persona. ¿Ir al Departamento de Recursos Humanos? ¿A un supervisor? ¿Al gerente general? Me gusta el ejemplo que Jim Blanchard ha establecido en Synovus diciéndoles a todos los empleados que acudan a él si tienen un problema con un jefe y no pueden resolverlo.

En problemas que involucran a dos personas, intente siempre primero una comunicación directa; es decir, A con B, si es posible.

No vaya a C sin un buen argumento. Si no puede dar con la solución, vaya a una C de confianza para ayudarle en vez de una C divisiva. Conozco a alguien que solía citar a Alice Roosevelt Longworth: «Si no puedes decir algo bueno sobre alguien, siéntate aquí al lado mío». Ella lo decía en son de broma, pero hay personas que necesitan esa recomendación. Les encanta ser la C que divide y también les encanta chismear.

Cuarto, sea un buen receptor de retroalimentación. Si usted es un ejemplo del tipo de comportamiento que muestra que está abierto a la retroalimentación y dispuesto a escuchar otros puntos de vista, es posible que pueda evitar las triangulaciones. En la mayoría de los casos, los problemas de triangulación no existirían si la persona B fuera fácil de abordar. Si B no tiene problemas para recibir retroalimentación, si acepta opiniones diferentes y no es una persona que vive a la defensiva, inclinada a culpar a otros, o de alguna otra manera poco receptiva a la retroalimentación, entonces para A va a ser mucho más fácil ser directo con ella. Así como tenemos que ser buenos para ofrecer retroalimentación directa y conversar, también tenemos que ser buenos para recibirla. Me gusta que los miembros de un equipo se ayuden entre sí a entender cómo quieren que se les dé la retroalimentación y a aprender a recibirla de buena gana. Aunque ya hemos mencionado a Ken Blanchard cuando dijo: «La retroalimentación es el desayuno de los campeones», todavía necesitamos tener un apetito por él y una buena disposición para recibirlo. Si las personas saben que pueden hablarnos directamente, tendrán menos necesidad de ir a otros a hablarles de nosotros.

Quinto, desarrolle destrezas; en usted y en su equipo. Muchas veces pedimos a alguien que haga algo para lo cual nunca recibió instrucción. Puede que no tengan la capacidad de escuchar, confrontar y habilidades para manejar conflictos, para negociar o habilidades de conversación que son necesarias para tener esos encuentros directos que les estamos pidiendo. Parte del liderazgo en las relaciones de Cuarta Esquina es ayudar a otros a crecer y a llegar adonde necesitan llegar. ¿Recuerda cuando tocamos el tema de ser agentes de empuje los unos con los otros? Empuje; equípese usted y equipe a otros con las destrezas necesarias para ser alguien que puede tener conversaciones directas sobre problemas. Tome usted algún curso, si es necesario.

Si siente que está atrapado en un triángulo, pregúntese qué papel está jugando allí. Si usted es el ofendido que busca hablar con un rescatador, deténgase y dígale: «¿Sabes? Gracias por escucharme, pero creo que voy a ir a hablar directamente con B». Si usted es C, el rescatador, dígale a A que va a ir a hablar directamente con B, el perseguidor, o pregunte si puede reunirse con los dos para ayudarles a resolver el problema. Si usted es B, la persona a la que le están hablando, vaya a A, el chismoso y dígale: «He oído que tiene cierto desacuerdo conmigo. ¿Cómo puedo ayudar?».

Por último, sea prudente. Hablar de otros no es malo. Las personas necesitan y les agrada hablar unos de otros. «¿Cómo está tu hermana? ¿Cómo andan las cosas con tu equipo?». Otros son con frecuencia el tema de nuestras conversaciones, e incluso en el trabajo tenemos que hablar unos con otros sobre asuntos de trabajo y también sobre los problemas entre nosotros. Eso es normal y bueno. Pero, uno se da cuenta cuando las conversaciones no son divisivas. Como Potter Stewart, juez del Tribunal Supremo, escribió la célebre cita al eludir una vaga definición de la pornografía ilegal: «La reconozco cuando la veo». Lo mismo es cierto sobre la triangulación. Usted se da cuenta inmediatamente cuando una conversación es destructiva y divisiva. Y cuando una barra lateral divide a un grupo y mantiene los problemas sin resolver. No deje que tal cosa ocurra. Como líder, recuerde que usted es mayordomo de su cultura.

Por lo tanto, hablémonos de forma directa. Y para hacerlo, necesitamos otro elemento en las relaciones de Cuarta Esquina: confianza. Veamos lo que se requiere para que la confianza crezca.

CAPÍTULO 12

CONFIANZA

Hemos examinado lo que se necesita para llegar a ser una persona con alto rendimiento. Ante todo, hemos establecido que, ya sea que lo reconozcamos o no, otras personas tienen poder en la vida de uno y ese poder influye en gran medida nuestro desempeño. Segundo, la influencia de ese poder puede ser positiva o negativa. Tercero, no podemos llegar al siguiente nivel sin abrirnos al poder positivo que otros traen a nuestras vidas. Debemos ser un «sistema abierto». Cuarto, con el fin de abrirnos y recibir, debemos ser vulnerables y estar dispuestos a ir a un lugar de necesidad. Quinto, hay ciertos componentes que proporcionan las relaciones de Cuarta Esquina: retroalimentación, dominio propio, responsabilidad, sentido de propiedad y un positivismo realista respecto del fracaso, esfuerzo y empuje, pasos, estructura y proceso.

Sin embargo, no todos los altos rendimientos son iguales. Cuando trabajo con ellos, aplico una variedad distinta de herramientas y métodos, dependiendo en la necesidad. A veces, un líder necesita entrenamiento individual o una buena junta de directores que le ayuden a pensar cuando enfrenta un reto. Otras veces, un equipo necesita concentrarse en un área particular de crecimiento o desarrollo o tienen que trabajar juntos para acabar con algún patrón de disfunción. Aunque yo desarrollo programas, modelos y plantillas, nunca actúo como si una talla les quedara bien a todos. Prefiero conocer a las personas y luego diseñar un plan adecuado a sus necesidades particulares. Este enfoque proviene de una convicción profunda expuesta con toda claridad por el escritor de Proverbios 18.13: «Precipitarse a responder antes de escuchar los hechos es a la vez necio y vergonzoso» (NTV).

Ahora, complázcame mientras me contradigo a mí mismo. Aunque no creo que una talla sirva a todos, hay un puñado de conceptos universales y principios que aplican a *cualquier situación individual o de grupo*. **La confianza** es uno de esos conceptos, sobre todo cuando se trata de beneficiarse del poder del otro. Para hacer una inversión en cualquier persona, la confianza es primordial.

Es difícil discutir la noción de que la confianza es importante. Sin embargo, no siempre es claro cuándo está presente, qué es realmente lo que la genera y qué es lo que se necesita para mantenerla. Por un lado, me parece que todo el mundo la valora, y todos nos damos cuenta cuando no está allí; por el otro, no es tan claro qué elementos la componen. No sabemos cómo hacerla nuestra, y por eso necesitamos conocer cuáles son los ingredientes que desarrollan la confianza. Entonces, echemos un vistazo más profundo a la *anatomía* de la confianza.

La confianza puede definirse como una expectativa segura. De la misma manera en que invertimos en el mercado de valores, cuando estamos seguros de que vamos a ver un retorno positivo, lo mismo pasa con la confianza en las relaciones. Nos invertimos a nosotros mismos, invertimos nuestro tiempo, nuestras energías, nuestros recursos, nuestros talentos, y así sucesivamente, cuando estamos seguros de que con ello conseguiremos buenos beneficios. La confianza alimenta la inversión: de dinero, de tiempo, de energía, y de nosotros mismos.

¿En quién confiar? A través de estudios y experiencia personal he llegado a la conclusión de que hay que buscar cinco ingredientes esenciales cuando usted está listo para hacer tales inversiones.

1. Comprensión

2. Intención o motivo

3. Capacidad

4. Carácter

5. Historial

COMPRENSIÓN

Confiamos en la gente que sabemos que nos comprende, que entiende nuestro contexto, nuestra situación, nuestras necesidades, lo que hace que funcione para nosotros, y lo que no. Cuando esas personas realmente nos entienden, nos escuchan y nos prestan atención, estamos más que dispuestos a abrirnos a ellos. Los equipos de más alto rendimiento comparten un profundo conocimiento de las necesidades de cada uno de sus integrantes, así como una comprensión compartida de aquello en lo cual el grupo está trabajando y *lo que se requiere de cada miembro para alcanzar el éxito*. De igual manera, las compañías con el más alto rendimiento son aquellas cuyos clientes sienten que la empresa realmente entiende sus necesidades y las atiende. Los mejores vendedores son los que saben escuchar y tratan de entender el contexto del cliente. Cuando el cliente siente que el vendedor «se identifica conmigo» se abre a recibir y a invertir.

Por otro lado, si la gente siente que no nos identificamos con ellos, todo su sistema se comienza a cerrar, y la inversión no llega. A mí me encanta estudiar las interacciones del personal de servicio al cliente y sus clientes en aquellos momentos cuando realmente importa, como lo que sucede entre el personal de una línea aérea y los pasajeros que se sienten frustrados porque algo ha estado saliendo mal con su viaje, o los momentos difíciles en las tiendas, en los hoteles o en los hospitales. Cuando se espera esta dinámica, se puede ver fácilmente la diferencia que hace una conexión positiva y comprensiva.

El otro día, fui a un restaurante en un aeropuerto y estuve sentado unos quince minutos esperando a que me atendieran. Intenté llamar la atención de uno de los camareros, pero no tuve éxito. Finalmente, miré mi reloj y me di cuenta de que no tendría suficiente tiempo para comer algo antes que saliera mi vuelo, así que me levanté dispuesto a marcharme. En ese momento, el empleado que trabajaba detrás del mostrador me preguntó si todo estaba bien. Le dije:

—A decir verdad, no. Llevo esperando tanto tiempo para que alguien me atienda que ahora ya no tengo tiempo suficiente.

—Bueno, debió de haber venido a hablar con uno de nosotros —el empleado reaccionó de inmediato—. No debió haberse quedado simplemente esperando. Le habríamos servido algo si nos hubiera dicho.

—Bien, gracias —le dije.

Lo que no le dije fue: «Ah, usted tiene razón. Yo escribo libros sobre asumir responsabilidad y ser proactivo, y no hay duda en eso. La culpa es mía. Gracias por decírmelo. Debí haberle dicho. No debí de haberme puesto a trabajar en mi computadora y dejar que pasara el tiempo. Gracias por la lección de vida. Siempre la recordaré: soy existencialmente responsable por mi vida». Pero quise decírselo.

Por supuesto, él tenía razón. Pude haber buscado a un camarero y tal vez debí hacerlo, pero por alguna razón, no lo hice, y no recibí el servicio, independientemente de quién haya tenido la culpa. A pesar de que you tuve algo de culpa, su respuesta no me ayudó a confiar de que la próxima vez me tratarían bien.

Desdichadamente, este tipo de intercambio es muy típico. El empleado trata de restarle importancia a lo que el cliente está diciendo y, encima de eso, lo regaña por haber cometido un error o no haber sabido actuar mejor. ¡Muchas gracias por esto!

Me sentí tentado a decirle algunas palabras no muy lindas, pero preferí seguir caminando. Justo en ese momento, otra camarera se dio cuenta de que me iba. Me preguntó qué había pasado y le conté lo mismo. Entonces, ella respondió: «¡Ah, no! ¡Qué frustrante! Siento que le haya pasado esto. En estos momentos el restaurante está muy lleno y nos sentimos abrumados. De verdad lo lamento mucho. Por favor, disculpe que no le hayamos atendido».

De repente, mi estado de ánimo cambió. Alguien había entendido. En esencia, eso era todo lo que necesitaba. Este era el tipo de persona en quien estaría dispuesto a confiar... y la clase de experiencia en servicio al cliente que me haría darle a este restaurante una segunda oportunidad... siempre y cuando el primer empleado estuviera libre.

Entiendo por qué es tan difícil para nosotros operar de esta manera. Con demasiada frecuencia, estamos tan preocupados por nosotros mismos que no *tomamos un momento* para realmente entender qué está ocurriendo con la otra persona y asegurarnos de que sepa que entendemos. A menudo les digo a los líderes: «Usted no entiende a su personal o a sus clientes cuando los entiende. Usted los entiende cuando ellos *entienden* que usted entiende». Así es que sabe que tiene su confianza.

Mi trabajo con las empresas a menudo incluye cierto tipo de proyecto que realmente me encanta. Se trata de ayudar a una empresa a mejorar las relaciones de trabajo entre la oficina central y algún sector del campo de trabajo. Ya sean sucursales, tiendas de venta al detalle, franquicias, clínicas o distribuidores, es una cuestión de relaciones y, por lo tanto, sujetas a todas las dinámicas que hacen de las relaciones algo bueno o algo malo.

Hay varias razones por las que me encanta ese tipo de trabajo, algunas puramente intelectuales y profesionales. Me da la oportunidad de analizar la física del rendimiento en este tipo de estructura. Y me encanta descubrir cómo la relación está creando o confundiendo las conexiones de Cuarta Esquina y los resultados de rendimiento. Como con los ejecutivos individuales, me encanta ver a estos grupos desarrollar la unidad y superar sus límites. Es algo que me apasiona.

En la mayoría de los problemas de relación, hay dos lados de la historia. Y a la vez que es fascinante darse cuenta de eso, es satisfactorio ver los resultados tangibles: más ingresos, más beneficios, más compromiso, mejor cultura y desarrollo en las personas, etcétera. Pero ver cómo las relaciones humanas crecen y profundizan es aún más satisfactorio. Como he argumentado a través de este libro, no se puede conseguir uno —alto rendimiento sostenido— sin el otro, relaciones profundamente conectadas.

Cuando todo va bien con esta clase de proyectos, el personal desarrolla un nivel mucho más alto de confianza hacia la oficina central porque *se siente mejor comprendido*. El hecho de que el jefe superior u otros altos líderes los escuchen, por ejemplo, en «sesiones de escucha», activa una cadena de acontecimientos que desarrollan nuevos niveles de confianza. Se pueden oír expresiones tales como: «Confío en usted porque ha demostrado que se preocupa lo suficiente como para escuchar y ver lo que realmente es importante para mí».

Así que simplemente escuche, escuche, escuche. Escuchar es el lugar indicado para empezar. Por ejemplo:

- Un cónyuge finalmente escucha el dolor y las quejas de su pareja y se percata de los efectos que su comportamiento está teniendo en la relación. En lugar de ponerse a la defensiva, devaluar o ignorar el dolor de la otra persona, ahora lo entiende.

- En lugar de simplemente decirle a un adolescente dónde está fallando, los padres se sientan con él y lo escuchan mientras les explica cómo realmente son sus días, qué tipo de retos está enfrentando en la escuela y

en su círculo social, qué tipo de alegrías y frustraciones
están contribuyendo a la situación. Le hacen preguntas
y luego escuchan las respuestas, en lugar de darle
inmediatamente un sermón y hacerle exigencias.

■ Un equipo ejecutivo se reúne con su equipo de
trabajo y escucha a los integrantes explicarle las
dificultades que un departamento le está causando
a otro, por lo general cuando este otro ni siquiera lo
sabe, y cómo su forma de trabajar hace que sea difícil
para el otro grupo hacer lo que necesita hacer.

■ Un líder, en lugar de solo dar instrucciones y órdenes,
toma el tiempo para entender los detalles de todo lo
que le está pidiendo que haga a su equipo. Escucha
mientras el equipo describe los pros y los contras
de las diferentes formas de acometer el trabajo y
demuestra que reconoce los riesgos y las demandas
que las metas que ha puesto requieren para lograrlas.

■ Representantes de una compañía se sientan con
clientes y otros accionistas para escuchar sobre sus
experiencias al usar sus servicios o sus productos.
Pero más que eso, escuchan sobre sus vidas en
general, sus luchas, lo que es importante y realmente
tiene valor para ellos.

Todos estos son ejemplos de cómo poner su confianza donde
está su boca, por así decirlo. De hecho, incluso podríamos tomar
como ejemplo al presidente de Estados Unidos quien hizo un poco
más que escuchar. ¿Recuerda las elecciones de 1992, cuando Bill

Clinton recorrió el país solo para escuchar a la gente? Repitió la misma oración una y otra vez: «Su dolor es mi dolor». Política aparte, eso le dio resultado. Los votantes sintieron que él entendía sus vidas y sus valores. Bill Clinton se conectó con ellos. El contraste fue marcado cuando un votante le preguntó al presidente titular, George H. W. Bush, cuánto costaba en el supermercado un galón de leche y él no supo contestar. A pesar de que pudo haber sido tan preocupado y compasivo como Bill Clinton, ese incidente hizo al votante sentir que estaba muy desconectado de ellos y que no entendía lo que era la vida para los ciudadanos comunes y corrientes. Los votantes sintieron que Clinton los entendía mejor, solo por escucharlos y entenderlos. Esa impresión en realidad nunca se fue.

Esto ocurre a menudo. *Una percepción equivocada de personas buenas y que se preocupan por otros simplemente porque han logrado establecer una conexión.* Como líder, cónyuge, colega o padre, tome tiempo para preguntarse: ¿Le he demostrado a las personas con las que quiero mantener una relación de Cuarta Esquina que realmente las estoy escuchando, que las entiendo? Y, antes de invertir su confianza en otra persona, pregúntese si siente que están realmente escuchando y entendiendo cuál es su intención. Yo raramente invierto en o con alguien que no sepa escuchar.

INTENCIÓN Y MOTIVACIÓN

Cada vez que nos reunimos con alguien —especialmente un extraño, aunque también puede ser un amigo, un jefe al que vemos todos los días, o hasta un familiar— inconscientemente nos fijamos en la expresión de su cara, leemos su lenguaje corporal y evaluamos el tono de su voz para determinar si está a favor o en contra de nosotros. Es lo que hacemos los seres humanos. ¿Recuerda el instinto de luchar o escapar? La confianza es el bálsamo que calma la picazón. Si creemos que alguien está en nuestra esquina, asumimos que lo que diga o haga lo va a decir o hacer para ayudarnos.

Cuando encontramos personas que realmente parecen comprendernos, lo siguiente que necesitamos conocer son sus *motivos*. ¿Qué los está motivando a desarrollar esta relación? ¿Los mueven sus propios intereses o también les interesan los nuestros? Confiamos en la gente cuando sabemos que sus motivos son buenos, que quieren cosas buenas para nosotros, e incluso si en ocasiones les pudiera costar. Las buenas relaciones se construyen en este fundamento de confianza: sé que quiere lo mejor para mí; por lo tanto, confío en usted.

Los seres humanos tendemos a pensar en términos de los motivos de la gente, sean buenos o malos —a favor o en contra de nosotros— pero muchas veces, la gente es simplemente neutral hacia nosotros. Básicamente, solo están buscando su propio beneficio. No hay nada malo en ello *per se*, pero cuando estamos buscando invertir personalmente en esa relación, *la neutralidad nunca es suficiente*. Necesitamos que la gente en la que confiamos sea más que neutral. ¡Necesitamos que sean nuestros aliados, nuestros campeones, nuestros ayudadores! La Cuarta Esquina exige más que neutralidad o simple imparcialidad: exige que nos tratemos unos a otros *mejor* que neutralmente. Esto significa tratarse de una manera que demuestre que estamos comprometidos a favor del bien del otro.

Siguiendo la Regla de oro, tenemos que tratar a los demás como queremos que nos traten a nosotros. Es fácil hacerlo cuando nos están tratando bien o portándose bien con nosotros, pero eso es solo neutral y legítimo. Los mafiosos lo hacen. Necesitamos que las personas en quienes confiamos pertenezcan a nuestro equipo y nos ayuden incluso cuando les fallemos, cometamos errores o dejemos caer la bola. La justicia dice que nos pueden devolver el daño que pudimos haberles hecho. Ojo por ojo. Pero una persona de Cuarta Esquina preguntará: «¿Qué te ocurre? ¿Te puedo ayudar?». En la Cuarta Esquina, devolvemos más de lo que podríamos estar recibiendo en ese momento, aun cuando no ganemos nada para nosotros. Todavía queremos lo mejor para la otra persona.

Cuando sentimos que ciertas personas nos desean lo mejor, invertimos en ellos. Confiamos en ellos. Si usted detecta que un determinado médico se preocupa por su salud más que por su factura, usted invierte confianza en ese médico. Hace poco tuve una cita con una compañía de servicios médicos que acostumbra llamar a los pacientes que llevan algo de tiempo sin hacerse sus chequeos de rutina, y lo hace porque su misión es mantener a la gente saludable. Sin embargo, también he tenido experiencia con otro tipo de compañías que llaman a los pacientes para recordarles su cita solo pensando en los ingresos económicos. Literalmente, puedo sentir la diferencia en ambos motivos. Por supuesto que prefiero lo primero y, por cierto, los ingresos de esa compañía son muy, muy buenos. La gente confía en ellos porque se dan cuenta que lo que les interesa es su buena salud.

Recientemente estuve a cargo de un retiro para el equipo ejecutivo de una compañía en el campo de la tecnología. Le pedí a cada persona una calificación sobre cómo sentía que el resto del equipo estaba a su favor, a favor del departamento y a favor de sus intereses. Eran siete miembros, y todos dieron al equipo un 4 o un 5 (en una escala de 1 a 5) excepto una persona, que le dio uno. ¡Caray! Eso sí que era un problema. Uno de sus más importantes miembros había perdido la confianza. En su opinión, todos los demás estaban completamente desinteresados en ayudarle a tener éxito. Si no hubiésemos descubierto esto, su descontento habría empeorado. Los miembros del equipo tuvieron que reparar esa situación para poder seguir adelante.

¿Siente que su empresa está a su favor? Si usted es líder, ¿sabe su gente que usted a está a favor de ellos? ¿Sus hijos? ¿Su cónyuge? Supongo que es así, pero si quiere que florezca la confianza, tiene que asegurarse de que ellos también lo sepan.

CAPACIDAD

Es fácil quedar atrapado en las buenas sensaciones que engendra la confianza, pero la confianza sin niveles proporcionales de capacidad tampoco es suficiente.

Alguien puede sentir compasión, empatía, motivos puros y especiales por usted, pero solo podrá confiar en esa persona si ve que tiene la *capacidad* para hacer lo que usted necesita que se haga. Un amigo puede consolarle y acomodarle las almohadas si usted se ha roto una pierna, pero usted no le pediría a un amigo, que no es médico, que le operara la pierna rota. En ese caso, usted querría un cirujano ortopédico.

No debería tomarse como una humillación preguntarle a alguien sobre sus capacidades. *No* es personal. De hecho, es una demostración de fuerza cuando un equipo tiene suficiente confianza para que sus miembros puedan preguntarse unos a otros por las capacidades que se necesitan para lanzar un nuevo producto al mercado o emprender un nuevo camino estratégico. Me alienta cuando trabajo con un equipo o un líder con la clase de relaciones que hacen posible que estas conversaciones se produzcan; que sinceramente se puedan preguntar entre ellos por las capacidades que poseen para atreverse a hacer una siguiente movida estratégica. Tal vez usted podría decirle al equipo de mercadeo: «No estoy seguro de que tengan la capacidad para poner en marcha esta nueva campaña con todas las otras cosas que están atendiendo. ¿Qué piensan ustedes?». Eso no sería un insulto, sino una auténtica comunicación de Cuarta Esquina.

Después de todo, el punto es hacer realmente lo que nos propusimos hacer por alguien, ¿correcto? ¿Por qué no desear tener la mejor posibilidad de éxito, sea que estemos hablando de su negocio, su matrimonio, o su papel como padre? Si nos hemos comprometido con esa mentalidad de crecimiento, lo más natural es que nos preguntemos mutuamente si no tenemos lo que se necesita en términos de capacidades para proceder y confiar en que las personas que mantienen un vínculo de Cuarta Esquina van a esperar esa clase de sinceridad también.

Con frecuencia, cuando alguien va a iniciar un negocio o una iniciativa con fines misioneros, tiende a invitar a formar parte de la junta de directores a personas a las que conoce y se llevan bien. No hay nada malo en ello, siempre y cuando esas personas tengan las capacidades necesarias. Por lo tanto, no pidamos únicamente que la gente sea buena, sino también si pueden hacer lo que necesitamos que hagan en esta relación.

La capacidad es clave para la confianza. Antes de despegar, queremos saber que nuestros pilotos saben volar un avión. Antes de someternos a una intervención quirúrgica, queremos saber si el cirujano ha usado antes el bisturí y si sus pacientes han despertado después de la operación. Antes de contratar a un gestor de fondos queremos saber si antes ha hecho prosperar los activos. Si no sabemos estas cosas, no estaremos confiados en absoluto; estaremos jugando a la ruleta rusa. La confianza, como hemos visto, es una «expectativa de seguridad» que alguien puede ofrecer. La capacidad impulsa esa expectativa y la confianza en ella.

CARÁCTER

No deja de sorprenderme la facilidad con que la gente pasa por alto la importancia del carácter y no entender realmente todo su significado. De hecho, el diccionario hace un trabajo más exhaustivo al definir el término que lo que nosotros hacemos al evaluar a las personas. La Real Academia Española lo define así: «conjunto de cualidades o circunstancias propias de una cosa, de una persona… que las distingue, por su modo de ser u obrar, de los demás».

Con demasiada frecuencia relacionamos el carácter con lo estrictamente moral: ¿es esta persona honesta y ética? Pero el carácter va mucho más allá de si alguien miente, engaña o roba. Esas son simplemente «licencias» o rasgos que reflejan el carácter de alguien. Nadie que sea deshonesto o trate de hacer trampa o robar debería ni siquiera ser objeto de examen para ver si es digna de su confianza. Húyale, y mantenga las manos en su billetera y en su corazón. Eso es elemental.

Estoy hablando de otros rasgos del carácter más allá de la honestidad y la ética. ¿Optimista? ¿Pesimista? ¿Proactivo? ¿Pasivo? ¿Perseverante en resolver problemas cuando las cosas se ponen difíciles? ¿Demasiado indeciso para suplir lo que necesitas? ¿Demasiado blando? ¿Demasiado rígido? ¿Demasiado impulsivo? ¿Demasiado paralizado por miedo al fracaso? ¿Compasivo? ¿Amable? ¿Frágil? ¿Divertido? ¿Indulgente? ¿Dispuesto a perdonar? Y podríamos seguir y seguir.

Piense en esto: alguien puede tener todo lo que hemos visto hasta ahora acerca de la confianza; puede ser una persona comprensiva, con buenos motivos, ser muy capaz y aun así podría carecer de un rasgo de carácter esencial que es necesario para que usted pueda confiar en ella. Por ejemplo, ¿le pediría a alguien que necesita muchísima validación y retroalimentación positiva que se haga cargo de un proyecto que está a punto de fracasar y que lo convierta en un éxito? Posiblemente pasará bastante tiempo antes de que escuche buenas noticias. Si alguien avanza solo cuando hay resultados positivos, quizás no tenga el aguante necesario ante circunstancias negativas. Puede ser una buena persona, pero su carácter (no su moralidad, sino cómo se organiza) no es una buena opción para ese trabajo en particular.

Mientras más asciende en una organización, más importantes se vuelven los asuntos de carácter y de inteligencia emocional. Los estudios y los titulares diarios de la portada del *Wall Street Journal* lo confirman. En cierto nivel de liderazgo, todo el mundo es inteligente, tiene experiencia y es altamente capaz; esos rasgos ya no

marcan la diferencia. El carácter individual es el gran diferencia-
dor. Son las cualidades existenciales, cognitivas e interpersonales
de los líderes las que cuentan. No solo lo que pueden *hacer* sino
cómo lo hacen. El carácter determina si inspiran o no a otros a
confiar en ellos.

HISTORIAL

Los seres humanos creamos mapas mentales con el fin de enfrentar el mundo. Su mente y la mía siempre están construi-
yendo esquemas —diagramas o mapas— para saber qué es lo
próximo que tenemos que hacer. Al igual que un mapa real,
estos mapas mentales nos ayudan a manejarnos en las relaciones, a ordenar la información que estamos recibiendo, a tomar
decisiones y a priorizar esfuerzos. También nos muestran lo que
podemos esperar.

Lo mismo es cierto cuando nuestras mentes están decidien-
do si pueden o no confiar en tal o cual persona. Todos tenemos
un mapa mental sobre qué esperar de los demás: la última vez.
«La última vez que le pedí que hiciera algo que necesitaba, usted lo hizo. Por eso me siento cómodo tomando ese mismo camino otra vez».

A menos que no sea así. En tal caso, a medida que se va acer-
cando a la intersección de la confianza, el mapa le estará mostrando una serie de banderitas rojas y señales de pare. A menudo,
vemos estas señales de advertencia, pero con la misma frecuencia
que las vemos, las ignoramos. Se nos dice que tenemos que dar

a la gente el beneficio de la duda, y eso es una intención muy noble. Pero cuando hemos estado en el camino con alguien antes y sabemos que está lleno de baches y de curvas mortales, no nos queda otra alternativa que asumir la culpa por habernos subido a ese coche con tal persona al volante. Antes de hacerlo de nuevo, pregúntese: «¿Qué será *diferente* esta vez? ¿Qué tendría que *cambiar* para confiar esta vez en esta persona?». Por supuesto, a veces intervienen circunstancias atenuantes. Todos tenemos un mal día o experimentamos alguna crisis que puede afectar temporalmente nuestro desempeño. Esas cosas pasan. No llegue a conclusiones sin tener una visión más amplia del historial de la persona. Fíjese no solo en las cosas más recientes, sino en el cuadro completo para determinar si está tratando solo con un problema pasajero dentro de un historial excelente. El esquema de la «última vez» trata más con el cuadro completo que con solo una anomalía.

Recuerde que el mejor pronosticador del futuro es el pasado, a menos que haya algo nuevo y diferente en el cuadro. Si el historial de alguien parece pobre, pero usted está pensando en confiar en esa persona, deberá tener una muy buena razón para dar ese paso. Si está confiando que esa persona será una compañía grata para usted ahora, le pregunto: «¿Ha tomado un curso de manejo de la ira?». Si está confiando que le servirá de guía, pero su liderazgo pasado parece pobre, ¿ha tenido esa persona algún entrenamiento de liderazgo? Si está confiando que sea una persona de su confianza y que le ayude a enfrentar tiempos difíciles, ¿cómo le respondió en el pasado al confiar usted en esa persona para recibir el apoyo y estímulo que necesitaba? ¿Qué pasó la última vez que la hizo partícipe de un problema? ¿Se limitó a escuchar o simplemente dejó el caso en sus manos por tener ella un problema que resolver? ¿O lo ignoró y cambió el tema, incapaz de procesar algo más complicado? Si fue así, ¿qué le hace pensar que ahora las cosas serán diferentes?

Entonces, ¿en quién debe confiar? ¡Depende! Vuelva a leer las páginas anteriores, y no tenga miedo de cuestionar su primer impulso la próxima vez que tenga que decidir en qué banco depositar su confianza. Como dicen en Wall Street (o por lo menos deberían hacerlo) y todos los anuncios de acciones y bonos: ¡Inversores, tengan cuidado!

LOS BUENOS NO
TERMINAN ÚLTIMO

Recientemente, tuve una conversación muy interesante con un líder que logra mucho en su trabajo, tiene mucho ímpetu y es muy eficiente. Siempre he sido fanático de su trabajo. Estábamos trabajando en un proyecto juntos, y me comentó sobre un hábito particular que tiene, que consiste de escribir en una especie de diario cualquier pensamiento que tenga sobre lo que está haciendo. Le pedí que me diera detalles sobre ese hábito. No hay nada malo con cargar un librito e ir anotando las buenas ideas que se nos vengan a la cabeza. Sin embargo, esto era mucho más que eso; era obsesivo. Me dijo: «Pienso que se relaciona con mi trastorno de ansiedad».

Al pedirle detalles, me dijo que por algún tiempo había venido confrontando un trastorno de ansiedad bastante serio y que para mantenerlo bajo control había tenido que echar mano de algunos trucos y hábitos. Mientras yo lo escuchaba, no podía dejar de pensar en la cantidad de esfuerzo que esa lucha le estaría demandando y lo doloroso que tiene que haber sido vivir con esa condición. Tampoco podía dejar de preguntarme cuánto mejor podría haber sido su vida y trabajo sin aquel trastorno. El psicólogo en mí tenía que decir algo.

—Bueno, solo tengo un poco de curiosidad. No sé si sabe, pero ese problema que tiene es tratable; es más, la solución no es nada de complicada. En realidad, usted no tiene por qué vivir con eso. ¿Por qué no busca ayuda?

—Lo haría —me dijo—, pero me temo que…

—¿A qué le teme? —le pregunté.

—Temo perder eficacia en mi trabajo profesional. Siempre he creído que la ansiedad de que algo pueda salir mal o que no funcione me hace ser tan bueno en lo que hago. Siempre me aseguro, y me vuelvo a asegurar, de que todo esté cubierto y que nada pueda salir mal. Siento que, si no estuviera ansioso, me perdería muchísimas cosas y los resultados no serían tan buenos como son ahora.

—¡Guao! —le dije—. Me pregunto cómo la gente sin trastornos de ansiedad puede siquiera lograr algo.

Lo dije como una broma, aunque no lo era tanto. Pero él no lo captó.

—No sé —dijo—. Me temo que no podría desempeñarme al mismo nivel si no sintiera esa ansiedad.

Increíble, pensé. Sin embargo, he escuchado muchas veces alguna versión de esta explicación y en diferentes tipos de situaciones. Por ejemplo, cuando doy una charla sobre cómo el liderazgo, el carácter, la inteligencia emocional y los asuntos relacionales afectan los resultados, invariablemente me preguntan: «Usted está diciendo que toda esta capacidad relacional es importante para el liderazgo, para conseguir resultados y tener éxito. Pero, ¿cómo explica el caso de Steve Jobs? Él fue muy exitoso y todo el mundo sabe que era difícil trabajar con él en algunos de estos aspectos. ¿Cómo lo explica? Parece que la mano dura y el estilo dominante hace que algunas personas estén donde están. Los patanes son los más exitosos».

O considere un e-mail que recibí recientemente de una conocida comentarista de noticias nacionales que en su trabajo tiene que verse continuamente con personajes famosos, poderosos y exitosos que, como ella dice, «no son tan buenos». Me envió un enlace a un artículo que concluye que la gente «mala» y los «patanes» tienden a ser más exitosos que los «chicos buenos» en todas las áreas de negocios, entretenimiento y otros campos. Su comentario sobre el artículo fue este: «Esto es deprimente. ¿Está usted de acuerdo? Estoy empezando a creer que es cierto, a juzgar por mi experiencia».

Estos dos ejemplos subrayan la misma suposición falsa: *el mito de que algo disfuncional está contribuyendo al éxito*. Seguramente usted ha escuchado también comentarios como este: «Es un patán, pero supongo que así fue como llegó donde está». O este: «Si yo fuera más arpía en el trabajo, probablemente ya sería el gerente general de esta empresa».

Créame. Ninguna de estas afirmaciones es cierta. Ni ser un patán ni un narcisista, ni tener un trastorno de ansiedad que lleve a alguien a verificar todo dos veces, son rasgos de personalidad que conducen al éxito. Recuerde, también hay muchísimos patanes, narcisistas gritones y personas con trastornos de ansiedad que no son exitosos. Y hay muchísima gente muy efectiva y exitosa que no padece de ninguno de estos males.

La verdad es que Steve Jobs fue exitoso debido a su increíble talento, a su inteligencia, a su visión, a sus destrezas de mercadeo, al poder de sus diseños, a su encanto y a su iniciativa. Él era resuelto, tenía increíbles reservas de energía creativa, y no dudaba en presionar a su gente a sus límites y más allá de sus límites. Estos son todos atributos *positivos* que lo hicieron un hombre de éxito.

La conducta patán simplemente se interpuso, a menos que usted piense que el ser despedido, perder a gente clave y otras relaciones y crear algunos ambientes tóxicos son la receta para un iPhone. *No fue* el comportamiento opresivo y dominante que hizo que todo funcionara. Apple alcanzó el éxito *a pesar de ello* y seguramente pudo haber sido aún más sobresaliente sin esto. ¿Y qué si nunca lo hubiesen despedido? ¿Qué habría podido hacer la compañía si Jobs hubiera sido menos difícil?

Subraye estas oraciones: *Los buenos no terminan últimos, ni los patanes terminan primero. Las personas con desempeños extraordinarios terminan primero, y si son personas maravillosas y buenas, llegan aún más lejos.*

Como lo confirman las investigaciones, las cualidades que conducen al rendimiento extraordinario solo se realzan en las relaciones extraordinarias. Lo opuesto también es verdad: las cualidades de rendimiento extraordinarias son limitadas o reducidas por relaciones disfuncionales. En la página 5 de su libro *Working Together: Why Great Partnerships Succeed* (HarperCollins, 2010), el exdirector ejecutivo de Disney, Michael Eisner, rememora a su colega de toda una vida:

Nos encaminábamos al reto más difícil de nuestras vidas profesionales, juntos. Durante los diez años siguientes, aquel viaje sería tan emocionante, agradable, gratificante y triunfante como cualquiera de nosotros hubiera podido esperar. Desde el primer día en la oficina aquel otoño, mi relación con Frank Wells me enseñó lo que era trabajar con alguien que no solo protegía la organización, sino que también me protegía, me aconsejaba, me apoyaba, y lo hacía en formas completamente desinteresadas. Quisiera pensar que hice lo mismo por él, así como por la empresa. Crecimos juntos, aprendimos juntos, y descubrimos juntos cómo convertir lo que era un pequeño negocio en una gran empresa. Descubrimos que la suma de uno más uno es mucho más que dos. Descubrimos lo gratificante que puede ser trabajar juntos.

Me encantan esas palabras: protegía, aconsejaba, apoyaba, desinteresado, crecimos, aprendimos, descubrimos, gratificante. Su vida, su rendimiento, su salud, su bienestar, y casi todo lo que usted valora depende del poder que el otro puede aportar. Esto es algo serio. No es para patanes.

No le tenga miedo a la salud de la Cuarta Esquina. Convertirse en la mejor versión de usted mismo gracias al apoyo, los retos y el desarrollo de excelentes relaciones no debilitan su éxito, sino que lo fortalecen. Ser esa clase de agente de crecimiento para otros solo enaltecerá sus vidas y la suya. Al final, solo las personas de Cuarta Esquina se mantienen en pie. Los otros caerán, fracasarán o se desvanecerán.

Nos corresponde a todos buscar y desarrollar los tipos de conexión que personifican la gente de Cuarta Esquina, y convertirnos en esa clase de conectores nosotros mismos:

- Conexión que sea combustible

- Conexión que dé libertad

- Conexión que demande responsabilidad

- Conexión que le quite los colmillos al fracaso y enseñe

- Conexión que rete y empuje

- Conexión que desarrolle estructuras

- Conexión que una en lugar de dividir

- Conexión que sea digna de confianza

A medida que usted pasa por las rutinas de su vida —reunión con colegas, compartir con la familia en los días festivos, cenar con amigos o salir a caminar con su cónyuge— no tenga miedo de chequear su GPS interno para ver cómo va todo. ¿Dónde está? ¿Se encuentra solo en la Primera Esquina? ¿Se siente horrible en la Segunda Esquina? ¿Está experimentando una emoción pasajera en la Tercera Esquina? ¿O se siente protegido, asesorado, apoyado y recompensado en la Cuarta Esquina? ¿En qué esquina se encuentra? ¿Y quién está en esa esquina con usted?

La respuesta a estas preguntas determinará si ha logrado alcanzar más allá de su límite regular o no, incluso si ha hecho realidad sus sueños. Espero que usted encuentre la Cuarta Esquina, viva allí el mayor tiempo posible y que supere sus sueños más ambiciosos.

RECONOCIMIENTOS

A veces me preguntan: «¿Cuánto tiempo le toma escribir un libro?». Por lo general contesto: «Me toma varios años escribirlo… y luego, tengo que ponerlo por escrito». El proceso de este libro se pareció más a eso que cualquier otro de mis libros anteriores. Si fuera realmente a reconocer a las personas que me ayudaron a completar este libro, tendría que mencionar a todos los «otros» en mi vida que han sido el tipo de poder positivo que me ha ayudado, sanado, enseñado, apoyado y salvado durante tantos años… comenzando cuando era niño. Por lo tanto, no voy a mencionar a todos los que participaron en los años «que lo escribí» y solo voy a agradecer a unos pocos que fueron clave en la fase de «ponerlo por escrito» durante el año pasado. Los «otros» (desde amigos y familiares hasta entrenadores, mentores, maestros y sanadores) saben quiénes son... y estoy muy agradecido por ellos.

En el proceso de redacción, tengo que agradecer a mi editora Hollis Heimbouch quien de veras, de veras me ayudó a poner finalmente en papel todos estos conceptos. Ella hizo un esfuerzo especial para ayudarme a descargar lo que se siente como décadas de trabajo y luego me ayudó a pensar en cómo organizarlo en lo que espero que usted, lector, encuentre que sea una forma útil. Gracias, Hollis. Y gracias también a Stephanie en Harper, por mantener la pelota en movimiento.

Además, gracias a mis agentes, Jan Miller y Shannon Miser-Marven de Dupree Miller, que me ayudaron a llevar el proyecto de una idea a través de la matriz de la publicación. Siempre me sentiré agradecido por estar trabajando con los mejores agentes literarios en el mundo. Ustedes son geniales.

Y para mi equipo inmediato que me ayudó a mantener todos los engranajes funcionando mientras estaba «poniéndolo en papel». Su trabajo en el último año ha sido increíble llevando todos estos conceptos a las redes sociales y a otras plataformas para ayudar a la mayor cantidad de personas posible. Gracias Jennifer, Lexi, Jayson, Gina y Greg.

Y el equipo en CTR, que incansablemente vierten sus vidas en las vidas de los demás: Maureen, Lisa, Christine, Jodi y Patti.

Y como siempre, gracias a mis amigos y familia. Ustedes hacen la vida lo que es para mí.

ACERCA DEL AUTOR

El doctor Henry Cloud es un experto en liderazgo, aclamado psicólogo y reconocido autor por el *New York Times*. Sus libros han vendido más de diez millones de ejemplares. En 2014, la revista *Success* lo distinguió como uno de los veinticinco líderes más influyentes en los temas de crecimiento y desarrollo personal. Se graduó de la Southern Methodist University, con un título de Licenciado en Psicología y completó su Doctorado en Psicología Clínica en la Universidad Biola.

Nos agradaría recibir noticias suyas.
Por favor, envíe sus comentarios sobre este libro
a la dirección que aparece a continuación.
Muchas gracias.

Vida@zondervan.com
www.editorialvida.com